LA BOÎTE À OUTILS

DU

COACHING

Belkacem Ammiar
Omid Kohneh-Chahri

55 outils clés en main

+ 4 vidéos d'approfondissement

DUNOD

Remerciements

Pour moi, Belkacem Ammiar, je tiens à remercier :
Mon épouse et mes trois enfants pour leur soutien, leur compréhension et leur indulgence lors de mes longues soirées d'écriture.
Chantal Marie et Evelyne Dorval pour leur enseignement vivant de la posture d'un professionnel de la relation d'aide.
Jacqueline Mercier dont la disparition prématurée a donné un sens tout particulier à notre année et demie de collaboration et de transmission de la Clarification. Merci Jacqueline pour ce don. Repose en paix ma chère amie.
Maurice Brasher pour son accompagnement, sa supervision et sa collaboration enthousiaste
Mes étudiants tant au sein de Transformance Pro à l'université catholique de l'ouest.

Pour moi, Omid Kohneh-Chahri, je tiens à remercier :
Mon épouse Lioudmila pour ses remarques pertinentes, son temps précieux et sa relecture. Olga Kriloff pour ses corrections avisées.
Dominique Lussan pour son importance inestimable dans mon processus de développement et pour être un exemple dans la relation d'aide.
Mon superviseur Jacques-Antoine Malarewicz, pour sa finesse, son intuition et pour m'avoir appris ce métier avec humour et humanité.
Florence Mauboulès pour avoir cru en moi et pour être à la fois un mentor, une collègue et une amie chère.
Valérie Edery, pour ses encouragements, sa générosité et pour avoir nourri ma réflexion tout au long de l'écriture de ce livre.

Nous tenons enfin à remercier nos clients pour leur confiance renouvelée.

Mise en page : Belle Page
Illustrations : © Rachid Maraï

11 rue Paul Bert, 92240 Malakoff
www.dunod.com

ISBN 978-2-10-079140-8

VOUS AUSSI, AYEZ LE RÉFLEXE

Boîte à outils

Des outils classés par dossiers thématiques

Une **présentation visuelle** de chaque outil

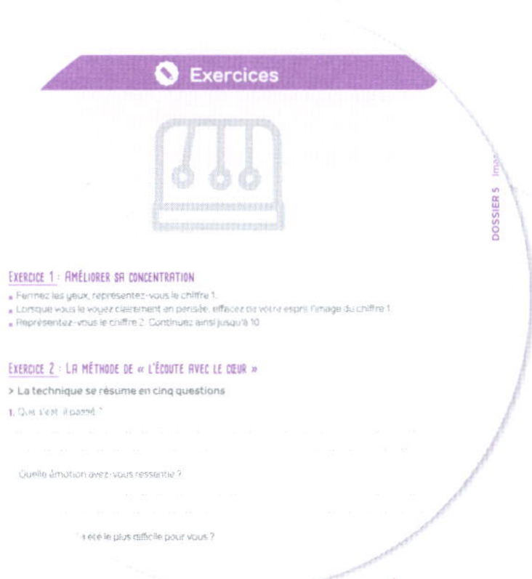

Des exemples, cas ou **exercices** pour approfondir

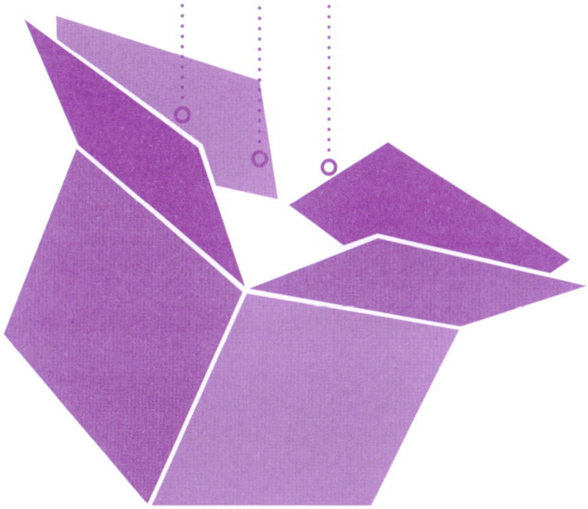

La Boîte à outils

DES OUTILS OPÉRATIONNELS TOUT DE SUITE

MEGA Boîtes à Outils

Agilité – 100 outils
Coordonnée par Nathalie Van Laethem
Manager leader – 100 outils
Coordonnée par Pascale Bélorgey, Nathalie Van Laethem
Digital en entreprise – 100 outils
Coordonnée par Catherine Lejealle

MÉTIERS

Acheteur, *3e éd.*
Stéphane Canonne, Philippe Petit
Assistante, *2e éd.*
Christine Harache, Hélène Tellitocci
Auditeur financier, *2e éd.*
Sylvain Boccon-Gibod, Éric Vilmint
Chef de produit, *2e éd.*
Nathalie Van Laethem, Stéphanie Moran
Chef de projet, *2e éd.*
Jérôme Maes, François Debois
Chief Digital Officer
Emily Métais-Wiersch, David Autissier
Chief Happiness Officer
Amélie Motte, Saphia Larabi, Sylvain Boutet
Coaching, *3e éd.*
Belkacem Ammiar, Omid Kohneh-Chahri
Commercial, *3e éd.*
Pascale Bélorgey, Stéphane Mercier
Communication, *4e éd.*
Bernadette Jézéquel, Philippe Gérard
Community Manager, *2e éd.*
Clément Pellerin
Comptabilité, *2e éd.*
Bruno Bachy
Consultant, *2e éd.*
Patrice Stern, Jean-Marc Schoettl
Contrôle de gestion
Caroline Selmer
Création d'entreprise, 2019
Catherine Léger-Jarniou, Georges Kalousis
E-commerce
Christian Delabre
Formateurs, *3e éd.*
Fabienne Bouchut, Isabelle Cauden, Frédérique Cuisiniez
Management, *2e éd.*
Patrice Stern, Jean-Marc Schoettl
Manager de managers
André Hamayon, Jacques Isoré, Jean-Pierre Testa
Micro-entrepreneur
Jacques Hellart, Caroline Selmer
Pilote des systèmes d'information, *2e éd.*
Jean-Louis Foucard
Publicité
Servanne Barre, Anne-Marie Gayrard-Carrera
Responsable financier, *3e éd.*
Caroline Selmer
Responsable marketing omnicanal, *3e éd.*
Nathalie Van Laethem, Béatrice Durand-Mégret
Responsable qualité, *3e éd.*
Florence Gillet-Goinard, Bernard Seno
Ressources humaines, *2e éd.*
Annick Haegel
Santé - Sécurité - Environnement, *3e éd.*
Florence Gillet-Goinard, Christel Monar
Speaker-conférencier
Christine Morlet, Bernard Deloupy
TPE
Guillaume Ducret

COMPÉTENCES TRANSVERSALES

Accompagnement professionnel
Marie-Luce Barthélémy, Hélène Le Pennec
Conduite du changement, *2e éd.*
David Autissier, Jean-Michel Moutot
Créativité, *3e éd.*
François Debois, Arnaud Groff, Emmanuel Chenevier
Design management
Bérangère Szostak, François Lenfant
Développement durable et RSE
Vincent Maymo, Geoffroy Murat
Écrire pour le Web
Muriel Gani
Gestion des conflits, *3e éd.*
Jacques Salzer, Arnaud Stimec
Inbound marketing et growth hacking
Stéphane Truphème, Philippe Gastaud
Innovation, *2e éd.*
Géraldine Benoit-Cervantes
Innovation managériale
David Autissier, Émilie Métais, Jean-Marie Peretti
Intelligence collective
Béatrice Arnaud, Sylvie Caruso-Cahn
Intelligence économique
Christophe Deschamps, Nicolas Moinet
Lean, *2e éd.*
Radu Demetrescoux
Leadership, *2e éd.*
Jean-Pierre Testa, Jérôme Lafargue, Virginie Tilhet-Coartet
Management de la relation client, *2e éd.*
Laurence Chabry, Florence Gillet-Goinard, Raphaëlle Jourdan
Management transversal, *2e éd.*
Jean-Pierre Testa, Bertrand Déroulède
Marketing digital
Stéphane Truphème, Philippe Gastaud
Mind mapping, *2e éd.*
Xavier Delengaigne, Marie-Rose Delengaigne
Mon parcours professionnel
Florence Gillet-Goinard, Bernard Seno
Négociation, *2e éd.*
Patrice Stern, Jean Mouton
Organisation, *2e éd.*
Benoît Pommeret
Prise de décision
Jean-Marc Santi, Stéphane Mercier, Olivier Arnould
Réseaux sociaux, *4e éd.*
Cyril Bladier
Sécurité économique
Nicolas Moinet
Stratégie, *3e éd.*
Bertrand Giboin
Stratégie Big Data
Romain Rissoan, Romain Jouin
Stratégie digitale omnicanale
Catherine Headley, Catherine Lejealle
Supply chain
Alain Perrot, Philippe Villemus

DÉVELOPPEMENT PERSONNEL

Bien-être au travail
Clothilde Huet, Gaëlle Rohou, Laurence Thomas
Confiance en soi
Annie Leibovitz
Développement personnel en entreprise
Laurent Lagarde
Efficacité professionnelle
Pascale Bélorgey
Gestion du stress
Gaëlle du Penhoat
Gestion du temps, *2e éd.*
Pascale Bélorgey
Intelligence émotionnelle, *2e éd.*
Céline Peres-Court, Martine-Eva Launet
Marketing de soi
Nathalie Van Laethem, Stéphanie Moran
Motivation
Sophie Micheau-Thomazeau, Laurence Thomas
Pleine conscience au travail
Sylvie Labouesse, Nathalie Van Laethem
Psychologie positive au travail
Béatrice Arnaud, Eric Mellet

Préface

La perte de confiance dans les institutions touche aussi les entreprises où les collaborateurs montrent, enquête après enquête, un niveau d'engagement faible.
Cette perte de confiance va de pair avec la difficulté toujours plus forte de donner un sens global à l'action de l'entreprise. Face à l'éclatement des modèles de management qui voient coexister des pratiques nouvelles (agile, fonctionnement en mode start-up) et des pratiques plus anciennes mais éprouvées, difficile pour les dirigeants de donner une direction claire et des modes de travail lisibles, déclinés du sommet stratégique !

C'est donc le « management des interfaces » qui fait la différence :

- la relation interpersonnelle entre un responsable et chacun de ses coéquipiers, pour permettre autant exigence que bienveillance ;
- la qualité du fonctionnement de l'équipe, pour assurer apprentissage collectif et confiance.

Mais que ce management est difficile à incarner pour des managers souvent peu préparés, avec des équipes plurielles dans les expertises, les générations et les attentes !
Le manager a plus que jamais besoin de repères pour « faire face », « se mettre au niveau », apprendre sur lui-même et travailler ses pratiques. Et cela ne s'improvise pas.
Le soutien du coach est souvent indispensable. Plus besoin de faire du prosélytisme pour une posture et une pratique qui ont montré leur plus-value en entreprise et qui sont valorisées par les managers comme par les experts du *learning*. Ceci, bien sûr, sous réserve que ce coaching soit mené de manière professionnelle.

Les auteurs savent de quoi ils parlent. Leur proximité avec Transformance Pro, école de coaching de référence que Belkacem Ammiar a dirigée pendant 5 ans, leur a permis d'intégrer, développer et porter ses enseignements. Leur pratique du coaching en tous types de situations, individuelles et collectives, et l'accompagnement de coachs en supervision leur donne une expérience de premier plan à laquelle s'additionne une remarquable prise de recul.
Le livre que vous avez entre les mains est le « manuel de référence » pour les coachs qui savent que leur pratique demande un ressourcement régulier, au-delà de leur formation et de leur certification initiale.
Ce livre est aussi indispensable pour une fonction en émergence et en développement accéléré. Les agents de changement (coachs ou consultants internes ou externes) qui accompagnent les transformations managériales en entreprise doivent apprendre en effet à intervenir dans une modalité qui permette aux managers de grandir par eux-mêmes et non pas par l'imposition de méthodes. La pratique au quotidien de ces coachs doit donc s'enrichir de la prise de recul théorique et de l'ouverture sur différents outils qu'on trouvera ici.

Enfin, n'oublions pas une cible de tout premier plan : tous ceux qui sont amenés à parler coaching. Dirigeants, DRH, chefs de projets conduits à interagir avec des coachs ou à en conseiller l'utilisation. Ils trouveront dans ce livre l'outillage nécessaire pour faire appel de manière judicieuse à cette ressource en entreprise et aussi se préparer dans le choix d'un coach, dans l'échange sur ses référentiels, ses outils et sur ses modalités d'intervention.

Bonne lecture !

Frédéric Petitbon est associé à PwC Consulting et enseigne l'innovation managériale et la conduite du changement à l'IAE Paris Sorbonne et à Sciences Po.

Avant-propos

Plus de 30 ans après son introduction en France, le coaching a aujourd'hui acquis ses lettres de noblesse en entreprise. En effet, il est à présent largement identifié par les prescripteurs (DRH, responsables de la formation, dirigeants) comme une ressource spécifique au service du développement des collaborateurs, des équipes et des organisations. Cette reconnaissance est pour une grande part due à la professionnalisation du métier qui passe notamment par une meilleure formation des coachs. Cet ouvrage se veut toujours une modeste contribution à cette professionnalisation.

Les outils présentés dans cette troisième édition sont, bien que corrigés ici ou là, très largement les mêmes que ceux présentés lors de sa première sortie. Nous avons cependant procédé à quelques modifications pour tenir compte à la fois des demandes et remontées des professionnels du métier qui se sont manifestés à nous — et que nous remercions chaleureusement ! — et des tendances lourdes du métier de coach.

Cela nous a ainsi conduits à renforcer le nombre d'outils d'accompagnement des grands groupes et des organisations (les fiches sur le codéveloppement, le World Café, le Forum Ouvert) et à épurer l'ouvrage des fiches qui ont semblé moins opérationnelles aux lecteurs pour enrichir et renforcer celles qui ont suscité l'intérêt (les fiches sur la centration, le prix d'une intervention, la grille RPBDC).

Ce livre présente toujours 55 fiches pratiques qui couvrent toutes les dimensions d'intervention du coaching : la personne, l'équipe et l'organisation.

Le coaching, un métier de la relation

Pour être efficace dans son intervention, le coach doit développer des compétences dans 3 grands champs au cœur desquels se trouve la relation : ses relations à lui-même et à son métier, à la personne accompagnée et au groupe.

Le coach face à lui-même : au travers de deux dossiers spécifiques (les dossiers 1 et 2), sont décrits :

- Un ensemble d'exercices pratiques permettant au coach de se centrer, d'être disponible pour son client, de développer son empathie, son agilité et sa flexibilité dans ses modes d'intervention.
- Des outils pratiques pour préparer son intervention comme établir un contrat tripartite, fixer des objectifs ou savoir définir ses tarifs d'intervention.

L'espace du coaching est traité dans les dossiers 3 et 4. On y retrouve 19 outils d'intervention et de grilles de lecture indispensables en coaching individuel. Le coach débutant y puisera toutes les ressources nécessaires pour apprendre à cadrer efficacement sa relation avec ses clients tout au long de l'accompagnement de coaching. Quant au coach confirmé, il pourra apprendre à développer sa posture toujours très paradoxale qui consiste à « aider l'autre à se débrouiller seul et à trouver lui-même ses solutions ».

Le coaching collectif est abordé dans les dossiers 5, 6 et 7 au travers de 27 outils permettant de coacher des équipes et des organisations. Le coach d'équipe y trouvera de nombreux outils – pour beaucoup regroupés et publiés pour la première fois – afin de diagnostiquer le fonctionnement d'une équipe et de proposer des interventions (mises en situation, exercices, ateliers de travail) pour améliorer sa performance.

Les courants majeurs du coaching

Cet ouvrage propose des outils issus des différents courants du coaching. On y trouve ainsi des outils inspirés de la psychologie humaniste dont l'approche rogérienne, l'analyse transactionnelle, la PNL, la CNV ou « l'élément humain » de Will Schutz, des outils issus de la culture CT et spécifiquement développés pour le coaching et d'autres issus de l'approche systémique, de l'*Organizational Development* et du codéveloppement.

Les outils du coaching en entreprise

L'ensemble des outils présentés dans ce livre en font un ouvrage unique :

- C'est un ouvrage pratique qui regroupe une grande panoplie d'outils avec une explication pas à pas de leur mise en œuvre.
- Des outils génériques sont présentés ici, qui permettent ensuite au coach de se constituer ses propres outils.
- Une méthodologie pratique pour apprendre à fixer ses tarifs d'intervention et à les justifier est mise à la disposition des coachs.
- Enfin, un glossaire en fin d'ouvrage explicite les termes clés du coaching et rappelle les grands auteurs utiles à connaître.

Sommaire des vidéos

Certains dossiers sont accompagnés de vidéos, accessibles par QR codes, qui complètent, développent ou illustrent le propos :

Sommaire

1

DOSSIER

SE PRÉPARER AU COACHING

“

Le premier outil du coach, c’est lui-même.

Les qualités d'un professionnel de la relation d'aide sont, selon Alexander Lowen, sa qualité d'être, sa compétence dans la gestion de la relation, sa capacité à comprendre les problèmes et les enjeux de ses clients et enfin, ses qualités techniques. Le dossier 1 a principalement pour objectif d'aborder la qualité d'être et la gestion de la relation. Loin d'explorer l'ensemble des composantes de la qualité d'être d'un coach, ce dossier propose un focus sur les quatre capacités indispensables pour faire ce métier.

Être disponible pour son client

Comment se rendre disponible avant une séance de coaching pour se consacrer à 100 % à son client ? Comment maîtriser le stress, mettre de côté le quotidien et les urgences à gérer ? L'efficacité d'une séance de coaching en dépend. L'outil 1 présente une méthode simple pour se relaxer, se vider l'esprit et être présent à soi et en connexion avec l'autre.

Être en relation avec soi-même

La troisième écoute est un outil très puissant qui repose essentiellement sur la capacité du coach à être à un haut niveau de relation et d'écoute de lui-même. Grâce à cette écoute (outil 2), il pourra déceler les éléments chez le coaché qui, s'ils lui sont « révélés », lui permettront de faire de réels changements.

Être agile et flexible dans ses modes d'intervention

Le coach doit constamment gérer l'ambiguïté de sa posture face au client : doit-il donner une solution (poisson) à son client, ou l'amener à trouver tout seul sa solution (fournir une canne à pêche) ? À chaque instant, le coach doit pouvoir manier le curseur entre ces deux postures. L'outil 3 précise les différents paramètres à prendre en compte par le coach pour faire le bon choix.

Être au clair avec l'argent

L'argent joue un rôle très important pour clarifier la relation entre le coach et le coaché. L'échange d'argent va permettre d'analyser si la relation est juste et saine. Les éléments tels que le montant de la séance, le traitement des dépassements d'horaire, des appels hors séance, etc., vont être significatifs du type de relation entre le coach et le coaché. L'outil 4 permet au coach de se poser les bonnes questions pour clarifier sa relation à l'argent et définir ses tarifs.

Les outils

Outil 1 La centration

> “La pratique intensive de la concentration développe en nous une profonde stabilité intérieure.
>
> **Jon Kabat-Zinn**

En quelques mots

La centration permet de se consacrer pleinement à son client lors d'une séance de coaching. En effet, il est souvent utile de se préparer dans le calme pour se centrer. Pour ce faire, le coach peut prendre quelques minutes avant une séance, pour se relaxer physiquement, faire le vide dans son esprit et se rendre ainsi mentalement disponible. L'état de centrage ainsi obtenu développe la qualité de la troisième écoute (voir outil 2) et permet d'être « connecté » avec le client et d'améliorer l'efficacité du coaching.

SE PRÉPARER AVANT UNE SÉANCE DE COACHING

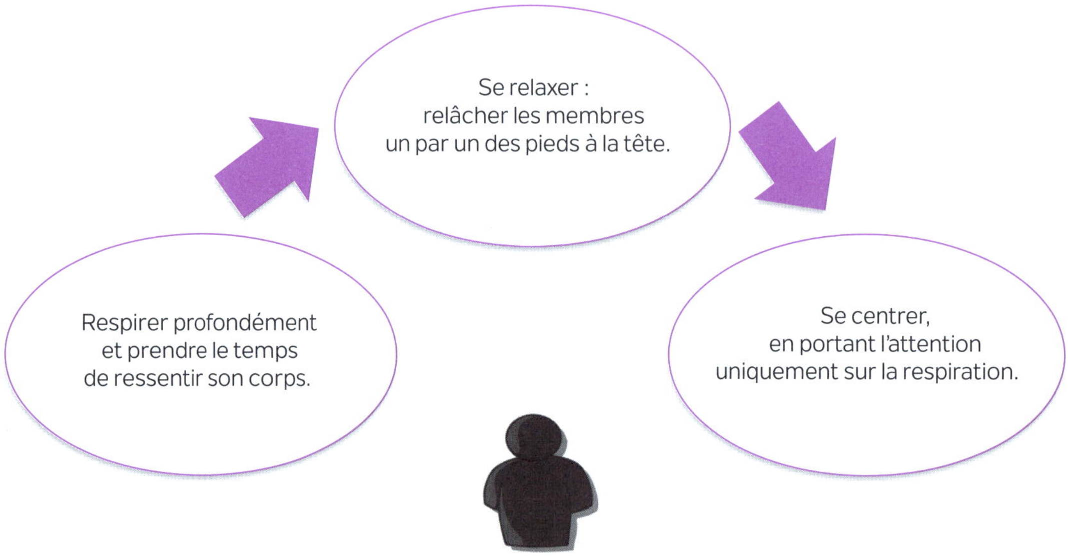

POURQUOI L'UTILISER ?

Objectifs

› Se mettre dans un état optimal de réceptivité, être pleinement avec soi et en empathie avec son client.
› Développer son intelligence émotionnelle.

Contexte

Cet outil est pertinent avant une séance de coaching individuel ou collectif.

COMMENT L'UTILISER ?

Étapes

1. **Installation.**
Trouver une position confortable, assis sur une chaise par exemple. Les pieds sont bien à plat sur le sol et le dos est droit. De préférence, les genoux sont à angle droit et les mains se positionnent sur les accoudoirs ou sur les jambes de façon à pouvoir relaxer les épaules.

2. **Relaxation.**
Fermer les yeux, respirer profondément et prendre le temps de ressentir son corps.
Placer l'attention sur les pieds. Respirer profondément et à chaque expiration, relâcher les tensions dans les pieds.
Déplacer l'attention dans le corps en remontant jusqu'à la tête (mollets, genoux, cuisses, bassin, ventre, torse, dos, nuque, visage, tête) et continuer à relâcher les tensions à chaque expiration.

3. **Centration.**
Porter l'attention uniquement sur la respiration, par exemple en focalisant l'esprit sur la sensation de l'air qui passe dans les narines. Si des pensées, des sons ou des sensations viennent vous distraire dans l'exercice, les observer sans jugement puis les laisser repartir tranquillement en se centrant de nouveau sur la respiration. Continuer pendant quelques minutes.

À la fin de l'exercice, ouvrir les yeux, bouger les mains et les pieds doucement. S'étirer et se relever lentement. L'état de centration permet d'être en connexion avec soi (voir outil 2) et en connexion avec le client.

Cet exercice peut évidemment être pratiqué à tout moment de la journée. Plus le coach pratique cet exercice, plus vite il apprend à atteindre l'état de centration.

Méthodologie et conseils

› De prime abord, on pourrait penser que ce travail « corporel » n'est que de confort. En réalité, sa pratique régulière démontre qu'il permet de faire du coach tout entier, **l'outil du coaching**. L'état d'accueil, d'ouverture et de réceptivité ainsi créé permet au coach de développer son intuition, d'être littéralement « au diapason » de son client et d'en capter les éléments les plus subtils (voir outil 2).
› À moyen terme, la pratique régulière de cet outil permet au coach d'entraîner son attention et de développer sa capacité à prendre du recul sur ses propres pensées et émotions pour mieux les maîtriser.
› La relaxation et la centration sont des outils qui peuvent également être proposés au client. En effet, ces exercices sont très utiles, notamment auprès des clients en situation de stress, qui peuvent l'utiliser comme sas de décompression au démarrage d'une séance avant de rentrer dans le vif du sujet. ■

Avant de vous lancer...

✓ Trouver la modalité qui vous convient le mieux pour vous centrer. Exemple : cohérence cardiaque, respiration consciente, méditation de pleine conscience.

✓ Faire appel à la technologie actuelle : nombreuses applications sur smartphones.

✓ Sacraliser le moment de centration afin qu'il devienne une habitude.

Outil 2

La troisième écoute

> Aucune relation ne peut s'épanouir sans le sentiment d'ampleur qui accompagne le calme.
>
> **Eckhart Tolle**

En quelques mots

La troisième écoute est un concept très utile en coaching individuel, il est mis au point par Vincent Lenhardt. Elle consiste en l'écoute du coach, de ce qui émerge chez lui pendant le coaching. Le coach sera ainsi attentif à ses pensées et à toutes les manifestations corporelles ou émotionnelles qu'il détecte chez lui lors du coaching pour les réutiliser dans la séance.

La troisième écoute permet de détecter et de traiter les processus parallèles et ainsi de rétablir la liberté d'action de la personne accompagnée.

MAINTENIR UNE RELATION « QUI SONNE JUSTE »

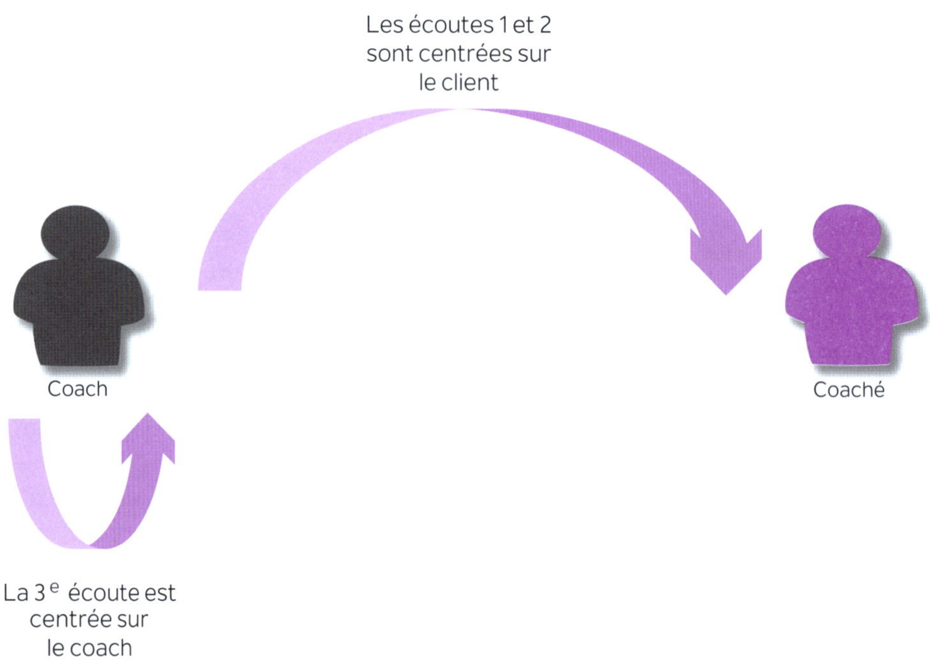

POURQUOI L'UTILISER ?

Objectifs

› Ajuster en permanence la posture du coach en face de son client et éviter d'être pris dans un processus parallèle.
› Mettre en évidence des modes de fonctionnement inconscients du client.
› Favoriser, grâce à ces prises de conscience, l'adoption de nouveaux comportements.

Contexte

Cet outil est utilisé principalement en coaching individuel.

COMMENT L'UTILISER ?

Étapes

1. Étape liminaire.
La mise en œuvre de la troisième écoute nécessite la centration du coach (voir outil 1).

2. Démarrage de la séance.
Le coach va recevoir son client et conduire la séance en cadrant la relation avec ce dernier et en définissant les objectifs de la séance.

3. Les deux premières écoutes du coach.
Pendant la séance, le coach écoutera son client à deux niveaux :

- discours verbal : c'est-à-dire le contenu de ce qui est dit par le client ;
- discours non verbal : le coach cherchera à observer le langage du corps de son client et mettre à jour les éventuelles incohérences entre le discours verbal et le discours non verbal, les messages à double-fond, le sens de ce qui est dit, etc.

4. Mise en œuvre de la troisième écoute.
Lorsque le coach est en empathie avec son client et à l'écoute de lui-même, il peut percevoir des signaux provenant de son client par différents canaux : des intuitions, des pensées, des manifestations émotionnelles ou des sensations corporelles.
Quand le coach détecte un élément qu'il juge important, il va prendre le temps de vérifier que cet élément résulte bien de l'interaction avec le coaché et qu'il ne s'agit pas d'une résonance qui lui appartient. Par exemple, si à l'écoute du client le coach ressent de la colère, il prend le temps de vérifier que cette colère est bien liée à la situation du client.
Si le coach estime que l'élément qui a émergé « appartient » bien au client, il va choisir une intervention appropriée comme métacommuniquer (voir outil 20), confronter le client (voir outil 19) ou adopter une posture qui aille à l'encontre du processus parallèle.
Exemple de métacommunication : le coach pourra dire : « *Lorsque vous me parlez de votre situation, je ressens une forte colère. Est-ce que cela vous parle ?* »

Méthodologie et conseils

La mise en œuvre de la troisième écoute requiert de la part du coach une grande connaissance de lui-même et une grande capacité à entrer en contact avec ses propres émotions. Cela ne s'acquiert que par un travail thérapeutique. ■

Avant de vous lancer...

- ✓ Avoir ouvert pour soi le champ des émotions et développer son intelligence émotionnelle (pratiques de la communication non violente, thérapies issues de la psychologie humaniste, pratiques corporelles, ...)
- ✓ Être extrêmement délicat dans la façon de restituer les éléments émergeant de la troisième écoute au risque de braquer le client.

Outil 3 Le poisson-canne à pêche

“ *Si tu donnes un poisson à celui qui a faim, tu le nourris pour un jour ; si tu lui donnes une canne à pêche, tu le nourris pour toujours.*

Proverbe chinois

En quelques mots

L'outil poisson-canne à pêche est un concept clé développé par Vincent Lenhardt sur la juste posture du coach vis-à-vis de son client. En effet, le coach est toujours confronté au même paradoxe : comment aider le client à se débrouiller seul ? La gestion de ce paradoxe nécessite des repères et le choix de la posture appropriée. À chaque instant, le coach doit manier le curseur entre deux extrêmes : soit donner des solutions au client (donner du poisson), soit l'aider à trouver ses propres solutions (offrir une canne à pêche).

TROUVER LA JUSTE POSTURE EN TANT QUE COACH

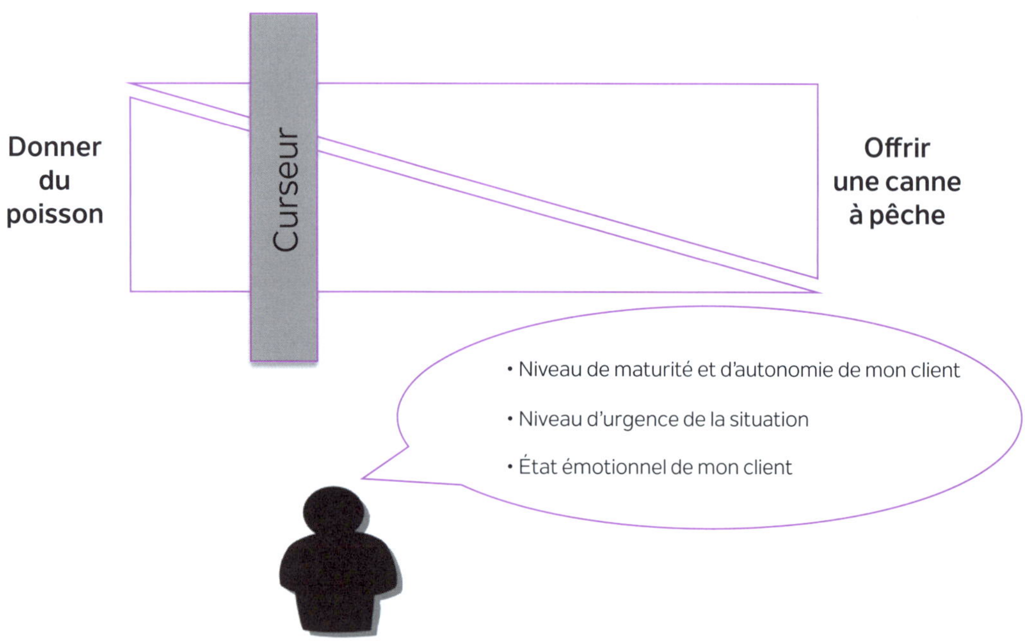

POURQUOI L'UTILISER ?

Objectifs

› Trouver la posture juste à adopter face à son client en fonction du niveau d'autonomie de celui-ci (voir outil 28), de la complexité de ses enjeux, de sa problématique et de l'urgence de sa situation.
› Amener le client vers plus d'autonomie au fil des séances.

Contexte

Le curseur poisson-canne à pêche peut être utilisé dans l'ensemble des séances de coaching individuel.

COMMENT L'UTILISER ?

Étapes

› **Comprendre la situation**, le problème et les enjeux du client, en utilisant par exemple les outils RPBDC (voir outil 12), écoute active (voir outil 10) et questionnement (voir outil 11).
› **Choisir sa posture**, c'est-à-dire le curseur entre les deux polarités suivantes :
1. Donner du poisson : le coach s'attaque au problème aux côtés du client et l'aide à résoudre son problème. Cette façon de faire pourrait s'apparenter à la posture d'un formateur ou d'un consultant.

Avantages
Le client n'est pas seul. Cette posture est particulièrement adaptée aux situations d'urgence et lorsque l'autonomie et la maturité du client sont insuffisantes pour qu'il résolve son problème par lui-même.

Inconvénients
Le coach risque de se substituer à son client et d'adopter à la longue une posture de « sauveteur » (voir outil 15). Le risque pour le client est de ne pas progresser, voire de devenir dépendant de son coach.

2. Offrir une canne à pêche : dans cette posture, le coach amène le client à trouver sa propre solution grâce à une série de questions. Il est plus centré sur une relation d'aide au client et sur son développement que sur le contenu spécifique du problème.

Avantages
Le client est *de facto* responsabilisé. Le coach reconnaît la capacité de son client à trouver ses propres solutions.

Inconvénients
Cette posture n'est pas adaptée quand la frustration vécue par le client est trop forte ou s'il n'a pas le niveau d'autonomie nécessaire.

Exemple d'un cas de coaching sur une prise de décision :

- **Curseur** : donner du poisson

Dans ce cas, le coach propose une action : « *Vous devriez rencontrer tous vos collaborateurs.* »

- **Curseur** : offrir une canne à pêche

Dans ce cas, le coach peut par exemple poser des questions ouvertes comme : « *Quelles sont les actions clés que vous pourriez mettre en œuvre pour résoudre ce problème ?* »

Méthodologie et conseils

Le coach doit rester très attentif à développer l'autonomie du client et à adopter la posture « offrir une canne à pêche » le plus souvent possible. ■

Avant de vous lancer...

✓ Avoir conscience de sa posture privilégiée (apporteur de solutions ou maïeuticien) pour équilibrer son intervention.

✓ Être conscient des enjeux de son client : niveau de maturité et d'autonomie, niveau d'urgence de la situation, état émotionnel.

✓ Résister à la tentation d'apporter trop souvent des solutions au client.

Outil 4 Déterminer le prix d'une intervention

“

A buon consiglio non si trova prezzo (À bon conseil on ne trouve pas de prix).

Proverbe italien

En quelques mots

Déterminer le prix d'une intervention et savoir expliquer ses tarifs contribuent au professionnalisme du coach en entreprise.

Cela nécessite la prise en compte d'aspects opérationnels dont : comprendre la problématique du client, déterminer le nombre de séances nécessaires et connaître les standards du marché. De plus, des aspects psychologiques entrent en ligne de compte : Quel est le rapport du coach à l'argent ? Se sent-il compétent en tant que coach ? Comment se situe-t-il dans ce marché par rapport à ses pairs ?

ÉTABLIR UN TARIF PERTINENT

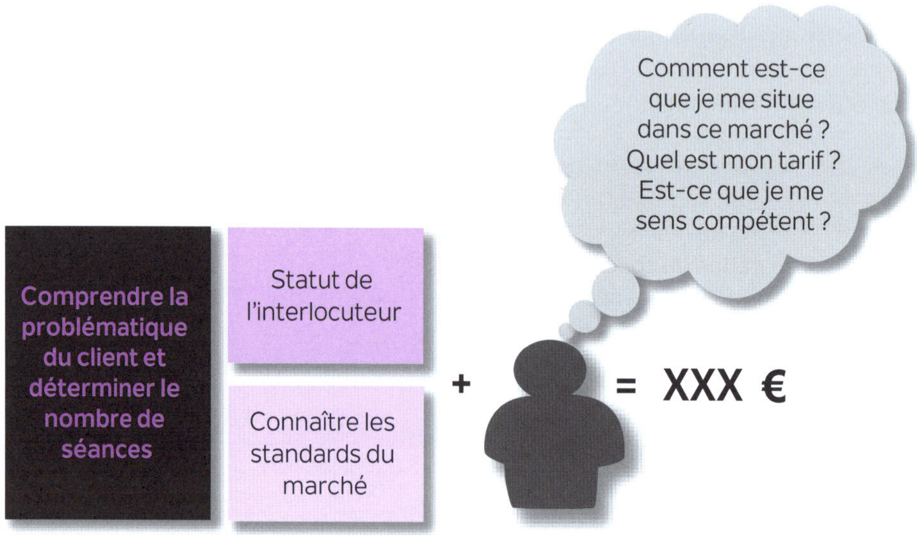

POURQUOI L'UTILISER ?

Objectifs

› Déterminer le prix d'une intervention de manière pertinente.
› Savoir expliquer le prix d'une intervention.

Contexte

Cet outil concerne l'évaluation des tarifs des coachings individuels.

COMMENT L'UTILISER ?

Étapes

1. Comprendre la problématique du client et définir le nombre de séances nécessaires.
Le nombre de séances doit être ajusté à la problématique du client. Cependant, la pratique la plus répandue sur le marché est de dix séances de deux heures :
- La première séance est composée de deux réunions distinctes : une heure avec le client pour définir ses objectifs puis une heure en tripartite avec le client et son manager (voir outil 6).
- Suivent huit séances de coaching de deux heures.
- Le bilan du coaching se fait dans la même configuration que la première séance : une heure à deux avec le client et une heure en tripartite (voir outil 8).

2. Définir le prix de l'intervention.
L'étendue des prix pratiqués est très large. En 2019, le tarif horaire standard du marché est d'environ 600 € HT pour le coaching de dirigeants, et 400 € HT pour le coaching de managers. Ce tarif inclut le temps de préparation du coach. En effet, il est important de noter qu'une séance de deux heures avec le client nécessite environ deux heures supplémentaires de travail de la part du coach :
- la préparation de la séance ;
- la prise de notes après la séance ;
- l'analyse éventuelle du cas avec un superviseur ;
- les échanges téléphoniques succincts avec le client (proposés par certains coachs).

Méthodologie et conseils

La détermination du tarif d'une intervention comporte des aspects psychologiques et nécessite parfois un travail sur soi. Le coach doit avoir exploré son rapport à l'argent et pouvoir répondre aux questions suivantes :
- Quelle est ma valeur en tant que coach ?
- Est-ce que je me sens compétent ?
- Comment est-ce que je me situe par rapport à mes pairs, voire par rapport à mes formateurs et superviseurs ?

Un tarif sous-évalué peut indiquer que le coach se dévalorise de façon personnelle ou professionnelle. Cela pourrait également être le signe que le coach se met en posture de sauveteur vis-à-vis de son client (voir outil 15) : en pratiquant une sous-facturation, soit le coach n'estime pas son client capable de payer le prix, soit il lui fait un cadeau qui le survalorise par rapport au client.
Une surfacturation peut être le signe d'une identité narcissique du coach. Dans ce cas, le client est mis dans une posture de victime et le coach en supportera les conséquences d'une manière ou d'une autre. ■

Avant de vous lancer...

✓ **Être le plus au clair possible sur son rapport à l'argent.**

✓ **Être conscient des tarifs du marché en fonction de son expérience, de sa localisation et des spécificités du secteur.**

✓ **Pour l'organisation personnelle du coach, il est important de prendre en compte qu'une séance de coaching de deux heures nécessite un travail global d'une demi-journée.**

2

DOSSIER

PRÉPARER SON INTERVENTION

“

Un coaching réussi, c’est 60 % de préparation, 20 % d’intervention et 20 % de suivi.

Le présent dossier est davantage centré sur la phase de préparation d'un coaching individuel. Nous traiterons plus largement dans les dossiers 5, 6 et 7 des facteurs clés de succès d'un accompagnement collectif.

Ainsi, et de notre point de vue, la phase de préparation d'un coaching individuel est réussie si elle a permis :

- de fixer des objectifs clairs et partagés avec toutes les parties prenantes ;
- d'inscrire la démarche d'accompagnement individuel dans une réalité et un contexte organisationnels et systémiques ;
- d'être l'occasion d'un travail pédagogique avec l'entreprise.

Le coaching individuel : une demande paradoxale

La décision de lancer un coaching individuel est le plus souvent le résultat d'une réflexion collective ayant impliqué différents acteurs de l'entreprise : *a minima* les responsables RH, le responsable hiérarchique et le futur coaché.

Cette situation, par essence paradoxale, qui conduit un diagnostic collectif à mettre en place une solution individuelle - le coaching –, se doit d'être résolue par le coach pour rendre au futur accompagnement sa dimension systémique.

La phase de préparation. Ou comment décloisonner le coaching

Pour cela, le coach aura à sa disposition les processus et outils présentés dans le présent dossier.

› Les outils 5 et 9 pour à la fois construire la relation de confiance avec le futur coaché et construire avec lui une première version des objectifs de son accompagnement.

› L'outil 6 pour décloisonner le coaching par un partage des représentations sur les finalités et les moyens du coaching et un lancement collectif de la démarche.

› L'outil 7 pour créer l'engagement de toutes les parties prenantes et leur coresponsabilité au travers de la signature d'un document unique.

› L'outil 8 pour mesurer et acter collectivement les résultats obtenus.

Contribuer à la culture du coaching dans l'entreprise

Enfin, tout aussi importante que les outils eux-mêmes, leur « mise en musique » dynamique par le coach dans un souci de pédagogie, d'intégration de tous les acteurs de la démarche (responsables hiérarchiques, RH et coaché), contribue à une meilleure connaissance de la pratique du coaching dans les entreprises et au renforcement de la culture de l'intelligence collective.

Les outils

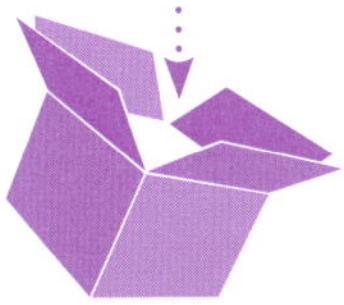

Outil 5 Établir les objectifs

“

Il faut étayer le but global, qui n’est pas sous votre contrôle, par des objectifs de performance dépendants de vous.

John Whitmore

En quelques mots

Le coaching est une démarche résolument orientée action qui s’inscrit dans un temps limité. Dans ce sens, il paraît essentiel d’accompagner le client à **établir ses objectifs** d’une manière précise et claire avant de démarrer le processus de coaching.

Dans son approche de coaching, John Whitmore sépare deux types d’objectifs : le but global, constituant l’ambition du client (but qui est rarement sous le contrôle total de ce dernier), et les objectifs de performance déterminant le niveau de résultat à atteindre par le client et qui, eux, sont le plus souvent sous son contrôle.

CADRER LE TRAVAIL D’ACCOMPAGNEMENT

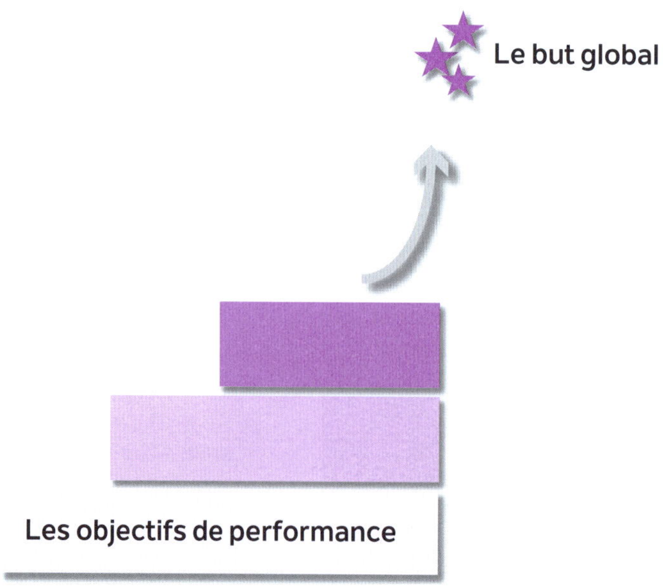

POURQUOI L'UTILISER ?

Objectifs

› Donner un cadre clair et orienter le travail d'accompagnement.
› Renforcer la motivation de la personne accompagnée grâce à des objectifs bien fixés.

Contexte

Il est nécessaire de définir les objectifs d'une démarche de coaching lors de la première séance pour orienter l'ensemble du travail d'accompagnement (voir outil 7).
Il est également préférable de commencer chaque séance de travail avec le client en se fixant un ou plusieurs buts.

COMMENT L'UTILISER ?

Étapes

1. Définir le but global, c'est-à-dire l'objectif ultime ou l'ambition du client.
Il est important de préciser et de clarifier cet objectif car il constitue l'aspiration du client et prédétermine son niveau d'énergie dans le travail de coaching. Par exemple, un dirigeant souhaite que son entreprise devienne le leader de son marché avant fin 2023. Cependant, ce type d'objectifs est rarement sous le contrôle total du client et peut dépendre d'autres acteurs.
2. Définir les objectifs de performance.
Il s'agit de définir le niveau de résultat nécessaire pour avoir de bonnes chances d'atteindre le but global. Les objectifs de performance sont concrets, plus à la portée du client et en grande partie sous son contrôle. Ils permettent à ce dernier de définir la quantité et la nature du travail à effectuer ainsi que de respecter ses résolutions, comme augmenter son chiffre d'affaires de 10 % par an.
3. Définir les indicateurs de mesure pour suivre les progrès effectués.
Le coach peut notamment aider son client dans la définition des indicateurs par des questions comme : « *À quoi verrez-vous* (ou votre entourage verra-t-il) *que vous avez atteint vos objectifs ?* »

Méthodologie et conseils

Les deux niveaux d'objectifs permettent de tenir compte de l'ambition du client tout en l'aidant à se focaliser sur ses propres objectifs plutôt que de perdre son énergie sur des éléments qu'il ne peut pas influencer.
Pour reprendre l'exemple cité précédemment : grâce à des objectifs de performance bien définis, le dirigeant est focalisé sur son plan d'action pour augmenter le chiffre d'affaires de l'entreprise plutôt que de se laisser obnubiler par les actions de ses concurrents. Il va sans dire que la cohérence entre le but global et les objectifs de performance est un facteur clé de succès.

Suite outil 5 →

Avant de vous lancer...

✓ **Prendre en compte tous les niveaux d'enjeux : identitaires, managériaux, organisationnels, culturels ou plus globaux de l'ensemble de l'écosystème de l'entreprise.**

✓ **S'assurer de l'alignement entre les objectifs et ces différents niveaux.**

✓ **Le coach doit faire preuve de discernement pour aider son client à trouver des défis motivants à relever, sans mettre la barre trop haut ni fixer de trop nombreux objectifs.**

Suite outil 5 Établir les objectifs

COMMENT ÊTRE PLUS EFFICACE ?

Définir les bons objectifs

La clarté des objectifs et leur bonne compréhension par l'ensemble des acteurs (le client, son manager et le coach) ont des impacts majeurs sur la démarche du coaching. Dans ce sens, la bonne formulation des objectifs d'un coaching est essentielle.

Pour ce faire, il s'agit d'inviter le client à formuler ses objectifs de façon **SMART**, **PURE** et **FAIR** :

- **SMART** : Spécifiques, Mesurables, Ambitieux, Réalistes, déterminés dans le Temps.
- **PURE** : Positivement formulés, Utiles et pertinents, Respectueux de l'éthique, Entièrement clairs pour tous.
- **FAIR** : Fidèlement consignés par écrit, Acceptés par tous, Impliquant un défi à relever, Respectueux de la loi et de l'environnement.

Définir les indicateurs de mesure pour des objectifs liés aux compétences relationnelles

Les demandes et objectifs du client concernent parfois ses « compétences relationnelles » : amélioration de ses compétences managériales, renforcement de ses capacités de communication, changement de ses comportements dans le cadre professionnel, etc.

La définition des indicateurs de mesure de ces objectifs peut paraître de prime abord délicate. Cependant, les compétences relationnelles d'un individu sont en grande partie observables, donc mesurables. Les indicateurs de ce type sont « quantitatifs » ou « qualitatifs ». Pour faciliter la définition de ces indicateurs, le coach pourra poser des questions du type : « Comment saurez-vous que vous avez atteint vos objectifs ? À quoi le verrez-vous ? Comment votre entourage le verra-t-il ? »

Exemple :

› Objectif du client : renforcer l'impact de ses présentations en public.

› Son but global : être reconnu comme faisant partie des leaders qui inspirent les collaborateurs, notamment sur le projet d'entreprise.

› Indicateurs de mesure :
- feedback positif de M. X (un pair de confiance en entreprise) ;
- qualité du silence dans la salle lors de sa présentation (mesurée sur une échelle de 1 à 10) ;
- nombre de collaborateurs qui souhaitent continuer le débat après ses présentations ;
- nombre de collaborateurs qui souhaitent lui demander conseil sur le projet d'entreprise après les réunions des comités de pilotage ;
- satisfaction personnelle du client après les présentations (mesurée sur une échelle de 1 à 10).

Cas d'entreprise

Un dirigeant de PME souhaite renforcer l'autonomie de son équipe

© Blankstock - Fotolia.com

Contexte

› Il s'agit d'une grande entreprise familiale dans le secteur industriel ayant connu une croissance forte ces dernières années.

› Le dirigeant estime que l'entreprise doit renforcer sa présence à l'international et être plus décentralisée pour « faire partie des grands ». Il souhaite « être sur le podium du secteur en 5 ans ».

Résultats

Lors de la première séance de coaching, le dirigeant prend conscience que ses modes de management ne sont plus adaptés ni à la nouvelle taille de son entreprise ni à ses nouvelles ambitions. Il prend donc la décision d'accompagner son équipe vers plus d'autonomie, notamment en diminuant son niveau de contrôle et en renforçant sa délégation.

Lors de cette même séance, il se définit les objectifs suivants :

Les buts globaux du dirigeant

› Devenir le n° 3 de son secteur d'activité en 5 ans.

› Que l'entreprise soit reconnue comme une référence pour ses modes de management.

Ces deux objectifs sont interconnectés dans l'esprit du dirigeant.

Extrait simplifié des objectifs de performance

› Objectif 1 : Augmenter de 15 % par an le CA pendant 5 ans (dont 12 % à l'international).

› Objectif 2 : Être présent dans huit pays européens avant fin 2023.

› Objectif 3 : Renforcer l'autonomie des équipes (et sa propre capacité de délégation).

Les indicateurs de mesure concernant l'objectif 3

› Prise d'initiative de ses collaborateurs : Mise en œuvre d'au moins un projet d'innovation d'ici 2019 sans l'initiative du dirigeant.

› Augmentation de 30 % des décisions prises par les collaborateurs sans l'intervention du dirigeant.

› Gain de temps personnel, estimé à 10 % dès décembre 2018 : « Je serai en mesure de prendre une demi-journée par semaine pour sortir de l'urgence du quotidien, me changer les idées ou me consacrer à la veille dans mon secteur d'activité. »

› Feedback positif de ses collaborateurs et expression spontanée de leur satisfaction concernant les nouveaux modes de management lors des revues de carrière de 2018 (au moins 8 des 10 collaborateurs directs). ■

Outil 6

Conduire une réunion tripartite

> *Il n'y a pas de vents favorables pour le navire qui ne sait pas où il va.*
>
> **Sénèque**

En quelques mots

La première séance de coaching est toujours consacrée à la **réunion tripartite**. Elle permet de fixer le cadre et les objectifs de l'accompagnement. Les participants à cette réunion sont la personne accompagnée, son manager, le coach et le cas échéant le responsable des ressources humaines qui représente l'entreprise.

La réunion tripartie se déroule en deux étapes : une présentation de la démarche et des règles du coaching par le coach, puis la détermination des objectifs de la personne accompagnée ainsi que les critères de réussite.

Cette réunion nécessite une préparation entre le coach et la personne accompagnée.

DÉMARRER LA DÉMARCHE DE COACHING

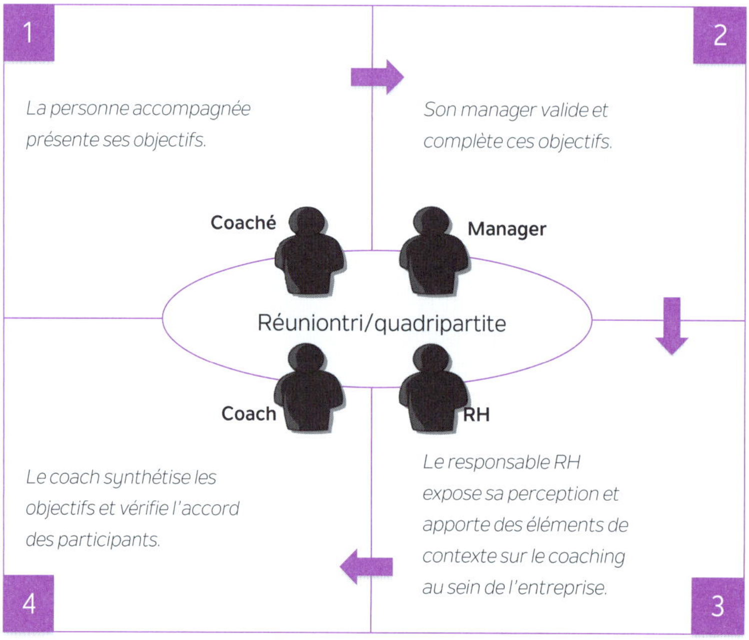

POURQUOI L'UTILISER ?

Objectifs

› Poser le cadre du coaching en explicitant la déontologie et en précisant la durée, le nombre, le lieu des séances et éventuellement les conditions financières.
› Co-élaborer et déterminer les objectifs du coaching avec la personne accompagnée, son manager et le cas échéant le responsable des ressources humaines.

Contexte

Il est recommandé de faire une réunion tripartite au démarrage de chaque démarche de coaching.

COMMENT L'UTILISER ?

Étapes

1. **Après un tour de table de présentation des participants**, le coach rappelle les fondamentaux de la démarche de coaching et précise les principes et règles de la démarche (notamment la coresponsabilité et la confidentialité). Puis il situe les objectifs, le sens et l'importance de la réunion tripartite pour l'ensemble des participants.
2. **Le coach anime un partage sur les objectifs du coaching.**
La personne accompagnée démarre le partage et présente ses objectifs en précisant le contexte et les raisons pour lesquelles elle souhaite avancer sur ces objectifs. Son manager intervient pour valider et compléter ces objectifs. Le responsable des ressources humaines expose également sa perception. En tant que représentant de l'entreprise dans la démarche de coaching, le responsable des ressources humaines peut également apporter des éléments de contexte sur la politique de l'entreprise concernant le coaching et le développement des personnes.
Le coach synthétise les objectifs abordés et vérifie l'accord de l'ensemble des participants. Ensuite, il accompagne les participants dans la définition des critères de réussite (ou des indicateurs de mesure).

À l'issue de la réunion, le coach doit disposer de l'ensemble des éléments nécessaires pour formaliser le contrat de coaching (voir outil 7).

Méthodologie et conseils

Avant la réunion tripartite, le coach et son client se rencontrent environ une heure pour :
- se connaître (si ce n'est pas déjà le cas) ;
- clarifier la problématique du client ;
- préparer la réunion tripartite, notamment déterminer les objectifs du client et les critères de réussite (voir outil 5).

Ces deux réunions (préparation avec le client et réunion tripartite) sont habituellement facturées comme une seule séance de coaching. La nature des relations entre les parties prenantes et l'observation de la communication verbale et non verbale des participants apportent des indications précieuses au coach pour la suite de son intervention.

Suite outil 6 →

Avant de vous lancer...

✓ **Avoir pris le temps d'une préparation pédagogique de l'ensemble des parties prenantes (règles du jeu, modalités, timing, résultats attendus).**

✓ **Être prêt à assumer une posture de facilitateur/médiateur.**

✓ **Ne pas fixer trop d'objectifs et les prioriser.**

Conduire une réunion tripartite

COMMENT ÊTRE PLUS EFFICACE ?

Lors de la réunion tripartite, le professionnalisme du coach est mesuré par sa façon de présenter le coaching et par ses propositions de synthèse et sa formalisation des objectifs du coaching.
Il est donc important de poser le cadre du coaching d'une manière claire et précise. Les paragraphes qui suivent ont pour objectif d'apporter au lecteur les éléments pour réussir sa présentation.
Concernant les objectifs du coaching, l'outil 5 peut être consulté.

Présenter clairement les principes clés et les règles du coaching

› **Confidentialité**
Le coach s'engage à garantir la confidentialité sur le contenu des informations échangées lors des séances de coaching.
En revanche, la personne accompagnée est autorisée à communiquer sur son coaching.
› **Coresponsabilité** de la personne accompagnée et du coach
Le coaching doit répondre à une demande de la personne accompagnée.
La réussite d'un coaching suppose une réelle implication de la personne accompagnée et du coach.
L'objectif du coaching est de renforcer l'autonomie du client et non d'instaurer une relation de dépendance. De ce fait, le coach laisse à la personne coachée le soin de décider et d'agir.
Le coach conduit la démarche dans l'intérêt du client et de l'entreprise.
› **Lieu des séances**
Les séances ont lieu de préférence en dehors du cadre habituel de travail pour aider la personne accompagnée à prendre de la distance par rapport à son quotidien.
› **Respect du cadre des séances**
La personne coachée se doit de respecter le cadre des entretiens, notamment en termes de présence et de ponctualité. Toute séance annulée par la personne accompagnée moins de 48 heures avant le rendez-vous sera facturée.

Présenter les étapes clés d'un coaching

1. **Entretien de prise de contact** entre le coach et la personne accompagnée, puis choix du coach.
2. **Réunion tripartite.**
3. **Signature** du contrat de coaching : à l'issue de la réunion tripartite, le coach formalise un contrat de coaching. Ce contrat est signé par l'ensemble des parties prenantes.
4. **Séances de coaching :**
   - Durée des séances : deux heures.
   - Nombre de séances : à déterminer lors de la réunion tripartite (standard de 8 séances).
   - Chaque séance fait l'objet d'une préparation par le coach et la personne accompagnée.
   - La fréquence des séances est décidée d'un commun accord par le coach et la personne accompagnée (environ une séance par mois).
   - Entre deux séances, un travail complémentaire pourra être demandé à la personne accompagnée (voir outil 22).
5. **Séance de bilan** (voir outil 8) :
   - La dernière séance du coaching se tient dans la même configuration que la réunion tripartite. Elle permet au coaché de présenter un bilan de son coaching – préalablement préparé avec son coach – et de recueillir un feedback formel de son manager.
   - Un bilan intermédiaire peut être demandé par l'une des parties prenantes.

Cas d'entreprise

Coaching de la responsable des ventes Île-de-France d'une entreprise industrielle

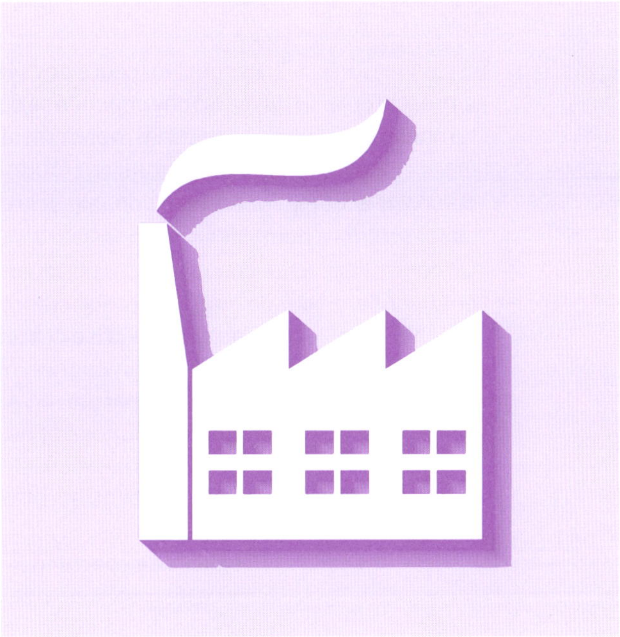

© Scriblr - Fotolia.com

Contexte

La responsable des ventes d'une entreprise industrielle française demande à être accompagnée en coaching suite à sa nouvelle prise de fonctions. Le coach et la personne accompagnée se sont rencontrés et ont décidé d'initier une démarche de coaching.

La réunion tripartite se fait avec le manager de la personne accompagnée, qui est le directeur commercial de l'entreprise.

Résultat

La personne accompagnée présente ses objectifs concernant les fondamentaux du management, notamment sur ses compétences de délégation. Son manager, quant à lui, insiste sur la réussite de l'intégration de sa collaboratrice au sein du comité des ventes.

Après une synthèse du coach, les participants s'accordent sur les objectifs suivants :

- fédérer la force de vente de la région Île-de-France et en faire une équipe performante ;
- renforcer les compétences de délégation de la personne accompagnée ;
- renforcer la collaboration avec ses pairs au sein du comité des ventes, notamment sur les projets transverses de la direction commerciale.

La réunion tripartite se termine par la détermination des indicateurs de mesure spécifiques à chaque objectif. ■

Outil 7 Le contrat tripartite

> “ *Il faut dans un contrat que l'un et l'autre parle.*
>
> **Proverbe du droit civil, 1788**

En quelques mots

Le contrat tripartite est un document rédigé par le coach à l'issue de la réunion tripartite (voir outil 6), explicitant les objectifs du coaching et les modalités d'intervention. Il s'agit d'un accord entre le coach, la personne accompagnée, son manager et le cas échéant la direction des ressources humaines.

Un contrat tripartite comprend les rubriques suivantes : contexte de la demande, enjeux de l'entreprise, objectifs du coaching, principes du coaching et rôle du coach, modalités de l'accompagnement, budget et traitement des litiges.

Il doit être signé par l'ensemble des parties prenantes.

CLARIFIER L'ACCORD ENTRE LE COACH, LA PERSONNE ACCOMPAGNÉE ET SON MANAGER

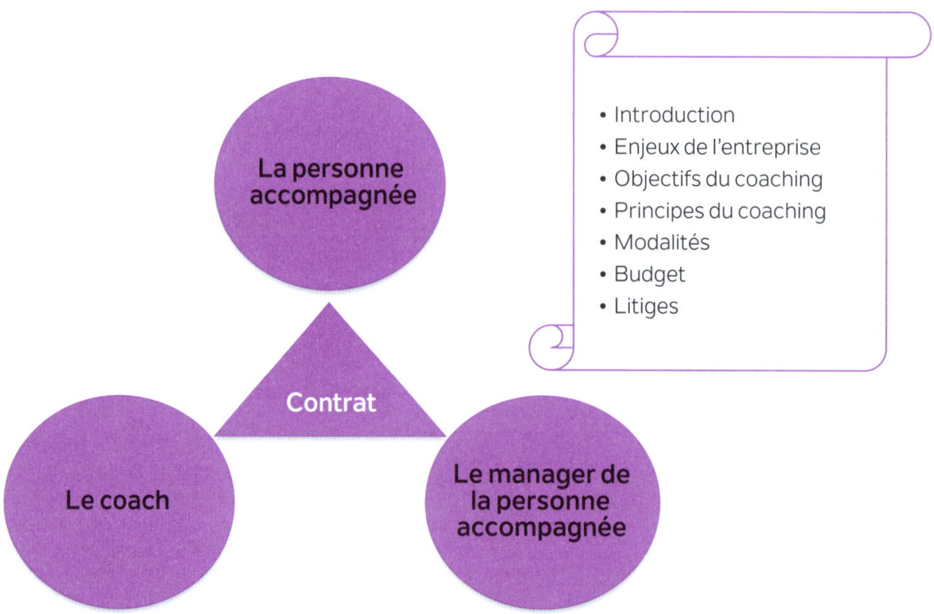

POURQUOI L'UTILISER ?

Objectifs

› Clarifier les enjeux du coaching.
› Concrétiser la demande du client et les objectifs à atteindre.
› Rendre explicite l'accord entre le coach, la personne accompagnée et son manager.

Contexte

Il est conseillé de rédiger un contrat tripartite au démarrage d'une démarche de coaching individuel.

COMMENT L'UTILISER ?

Étapes

1. **Rédaction du contrat tripartite** par le coach suite à la réunion tripartite (voir l'outil 6). À titre indicatif, un contrat de coaching comprend les rubriques suivantes :

• **Introduction** : cette rubrique présente les parties prenantes (notamment rôles et fonctions) et décrit le contexte de la demande.
• **Enjeux de l'entreprise** : cette rubrique a pour objectif d'expliciter les liens entre le coaching et les enjeux internes et externes de l'entreprise.
• **Objectifs du coaching** (voir outil 5) : cette rubrique décrit les objectifs abordés lors de la réunion tripartite et précise les indicateurs de progrès (qualitatifs et quantitatifs).
• **Principes du coaching et rôle du coach** : cette rubrique clarifie le rôle du coach en décrivant notamment les différences avec la thérapie, le conseil ou la formation. Elle précise enfin les règles du jeu.
• **Modalités de l'accompagnement** (nom de la personne accompagnée et sa fonction, nom du coach, nombre de séances, durée et fréquence des séances, lieu des séances).
• **Budget** : il s'agit de préciser le montant global de la prestation et les modalités de facturation (par exemple toutes les 5 séances).
• **Litiges** : il s'agit d'une rubrique standard des contrats d'affaires. Elle a pour objectif de préciser la démarche à suivre en cas de différend entre les parties pour régler les litiges éventuels.

2. **Signature du contrat tripartite** par l'ensemble des parties prenantes : le coach, la personne accompagnée, son manager (et le cas échéant la direction des ressources humaines).

Méthodologie et conseils

Le contrat tripartite a deux composantes principales :

• Le contrat de coaching qui précise les changements que le client souhaite opérer, le rôle du coach dans l'accompagnement du client et les modalités pratiques du coaching.
• Le contrat d'affaires qui clarifie la nature de la relation commerciale entre l'entreprise et le coach.

Certains coachs préfèrent séparer la partie « contrat d'affaires » et l'expliciter dans un contrat commercial séparé. Dans ce cas, il est nécessaire d'enlever les rubriques « budget » et « litiges » du contrat.

Par ailleurs, étant donné le caractère confidentiel du coaching, aucune « référence client » ne doit figurer sur un contrat tripartite. ■

Avant de vous lancer…

✓ **Utiliser les contrats issus de l'état de l'art. Vous les trouverez auprès des principales fédérations de coachs.**

✓ **Vérifier la culture contractuelle et juridique de l'entreprise dans laquelle vous allez intervenir pour ajuster votre contrat à celle-ci.**

✓ **Dans la rubrique « litiges », choisir un tribunal de votre juridiction pour éviter de devoir vous déplacer dans un tribunal loin de votre lieu de travail.**

Outil 8 Le bilan de coaching

> “ Boucler une relation ou un travail entamé permet de se rendre disponible à de nouvelles expériences.

En quelques mots

Le bilan de coaching est réalisé lors de la dernière séance. Il s'agit d'un moment fort et apprenant qui permet au client d'apprécier l'atteinte de ses objectifs, d'ancrer ses apprentissages et de préparer les étapes suivantes. Le bilan se fait en deux étapes : une préparation préalable entre le coach et le client puis une réunion dans la même configuration que la réunion tripartite (voir outil 6) avec la personne coachée, son manager, le coach et le cas échéant le DRH (réunion quadripartite).

TERMINER LA DÉMARCHE DU COACHING D'UNE FAÇON APPRENANTE

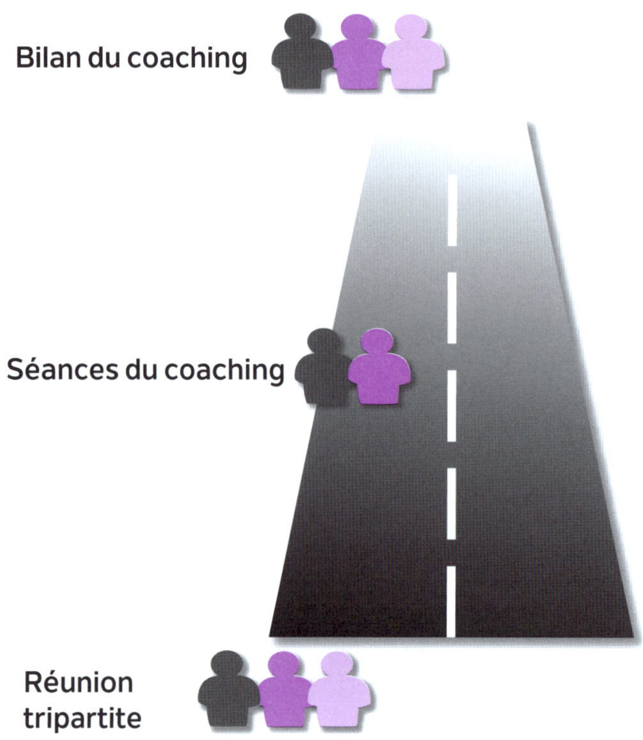

POURQUOI L'UTILISER ?

Objectifs

› Montrer en fin de coaching en quoi il a été bénéfique pour le coaché et l'entreprise.
› Prendre du recul sur les séances du coaching.
› Ancrer les apprentissages et les changements mis en œuvre par le coaché.

Contexte

Il est recommandé de faire un bilan à la fin de chaque démarche de coaching. La réunion de bilan se passe dans la même configuration que la réunion tripartite, en présence des acteurs suivants : le coaché, son manager, le coach et éventuellement le DRH.
Il est également possible, à la demande de l'un des acteurs cités ci-dessus, d'organiser un bilan à mi-parcours.

COMMENT L'UTILISER ?

Étapes

1. **Préparation du bilan pendant une séance d'une heure entre le coach et le client.**
Le coach accompagne son client dans une réflexion sur les thèmes suivants : les apports du coaching, l'atteinte des objectifs du client et ce qui reste à faire.
Voici quelques questions fréquemment posées par les coachs professionnels :

- Quels sont les thèmes majeurs que vous avez retenus après chaque séance ?
- Concrètement, que souhaitiez-vous obtenir ?
- Avez-vous atteint vos objectifs ? Qu'est-ce qui vous indique que vous les avez atteints ?
- Quels sont les objectifs qui n'ont pas été atteints ? Comment expliquez-vous qu'ils n'aient pas été atteints ? Quelles seront les prochaines étapes pour vous ?
- Quels ont été pour vous les moments importants ?
- Qu'avez-vous appris ?
- En quoi avez-vous changé ?

2. **Réunion du bilan pendant une heure** avec la personne coachée, son manager, le coach et éventuellement le DRH.
Le coach rappelle les objectifs et les indicateurs de mesure définis lors de la réunion tripartite au démarrage du coaching. Puis il anime le feedback des acteurs au regard de ces objectifs, en commençant par celui de la personne coachée. Il reste très attentif à ce que les acteurs expriment leurs feedbacks en restant factuels.

Méthodologie et conseils

Le coach n'intervient pas (ou très peu) dans la présentation du bilan, c'est principalement le client qui présente son propre bilan. Par ailleurs, le coach ne fait pas de compte rendu de cette réunion.
Le bilan du coaching est fait pour le client et non pour le coach. Dans ce sens, les compétences du coach ne sont pas évaluées ni abordées lors de la réunion du bilan. ■

Avant de vous lancer...

✓ **Avoir pris le temps d'une préparation pédagogique de l'ensemble des parties prenantes (règles du jeu, modalités, timing, résultats attendus).**

✓ **Mener le bilan comme une séance de travail collective (par exemple : rappeler les règles du feedback, insister sur l'importance de la métacommunication).**

✓ **Avoir réfléchi à des pistes de travail pour poursuivre la dynamique du changement.**

✓ **Il est important d'éviter toute confusion entre le bilan du coaching et les évaluations de la personne coachée.**

Outil 9 L'alliance

> On dit qu'il y a alliance entre deux personnes si elles sont prêtes à vivre un haut degré de frustration sans remettre en cause leur relation.
>
> **Ralph Greenson**

En quelques mots

L'alliance est un concept central en coaching individuel et collectif qui qualifie la qualité de la relation entre le coach et la personne (ou le groupe) qu'il accompagne. Le coach et son client seront ainsi « en alliance » s'ils sont d'accord sur les trois points suivants :

- **Les finalités du coaching :** c'est-à-dire ses objectifs, les valeurs qui seront respectées lors de l'accompagnement...
- **La qualité de leur relation :** l'*intuitu personae* notamment, se sont-ils bien choisis librement et ont-ils envie de travailler ensemble ?
- **Les modalités pratiques de l'accompagnement :** les moyens, outils ou techniques qui seront mis en œuvre, son coût, le lieu et la durée des séances, la gestion des annulations et des retards...

LES 3 OBJETS DE L'ALLIANCE

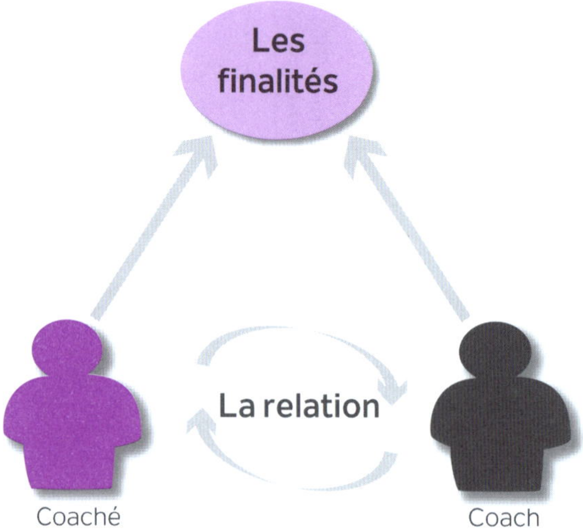

Les modalités pratiques du coaching

? POURQUOI L'UTILISER ?

Objectifs

› Permettre au coaching d'être efficace.
› Aider le coaché à accepter les frustrations qui ne manqueront pas de surgir lors du coaching.
› Accueillir plus facilement les interventions du coach, notamment les plus délicates comme les confrontations.

Contexte

C'est l'outil premier du coaching individuel mais il peut s'étendre au coaching collectif, on parlera alors « d'alliance avec l'équipe ».

COMMENT L'UTILISER ?

Étapes

L'alliance avec le client va se construire dès les premiers contacts avec lui, notamment lors des rencontres organisées en entreprise pour choisir un coach. Outre l'*intuitu personae* qui est peu maîtrisable, le coach devra :

1. **Mettre à jour les finalités du coaching telles que perçues par le client.**
Pour cela, le coach devra surtout écouter et questionner le client (voir outils 10 et 11). La répartition du temps de parole à cette étape doit être de l'ordre de 20 % pour le coach et 80 % pour le client. Le coach doit chercher à comprendre les motivations, les buts, les valeurs du client, ce qu'il attend du coaching et ce qu'il connaît de cette pratique.

2. **Prendre position.**
Après avoir écouté, le coach va reformuler les propos du client pour s'assurer de sa bonne compréhension et apporter une réponse honnête sur ce qu'il pense possible de travailler. Il doit renvoyer le client vers un autre spécialiste en cas de besoin (formateur, consultant…).

3. **Donner des éléments de compréhension du coaching.**
Après avoir répondu aux questions du client et s'être assuré qu'il s'agit bien d'une demande de coaching, le coach va lui présenter la démarche du coaching et les spécificités de sa propre pratique.

4. **Donner le cadre et les règles de fonctionnement.**
Le coach prendra ensuite le temps de donner tous les éléments pratiques, notamment le lieu du coaching, le nombre de séances, leur durée, les règles de travail en cas de retard, d'absence ou d'annulation.

5. **Répondre à toutes les questions du client.**
Le coach finira en s'assurant que toutes les questions du client ont bien eu une réponse.

Méthodologie et conseils

La création de l'alliance est essentielle pour la réussite du coaching. Le coach doit donc, dès la première rencontre avec le client, agir en coach. Il pourra pour cela utiliser tous les outils à sa disposition pour permettre au client d'exprimer ses besoins, de poser ses questions et de formuler ses objectifs.
La construction de l'alliance est un processus continu. Nourrir cette relation de confiance entre le coach et le client au fil des séances est un facteur clé de succès de la démarche. ■

Avant de vous lancer…

✓ **Être conscient de ses propres peurs et mécanismes de défense.**

✓ **Être prêt à ce que l'alliance ne se fasse pas, et à renoncer au client. Paradoxalement cette liberté de choix facilite et encourage l'établissement d'une vraie alliance.**

✓ **Avoir conscience de l'impermanence de l'alliance, donc être prêt à la nourrir constamment.**

3 DOSSIER

ÉCOUTER ET ANALYSER LE CONTEXTE DU CLIENT

“

Un accompagnement de 10 séances réussi, c'est 9 séances et demie pour bien poser le problème et une demi-séance pour le résoudre.

Nous avons choisi de démarrer la présentation de ce dossier par cette boutade qui illustre parfaitement – même si l'affirmation est bien sûr très exagérée – les spécificités du coaching en comparaison à d'autres approches plus classiques d'accompagnement comme le conseil ou la formation.

En effet, la démarche de coaching comporte plusieurs présupposés structurants dont :

- le regard du coach sur son coaché ;
- le cadrage de la relation avant toute intervention

The power is in the patient

Le premier présupposé du coaching est qu'il s'inscrit dans un regard fondamentalement ericksonien et rogérien.

Ce regard consiste en premier lieu à considérer le coaché comme une personne pleine de ressources et non comme « un tas de problèmes » (Milton Erickson).

Il s'agit ensuite pour le coach d'établir une relation d'une qualité telle que de nouveaux points de vue, des solutions jusque-là inaccessibles au coaché, de nouvelles compréhensions, etc. émergent dans sa conscience. Pour cela, le coach devra mettre en œuvre une écoute particulière, décrite outil 10, qui permet de créer une relation intersubjective féconde. Outre l'écoute, le coach pourra agir en maïeuticien en mettant en œuvre les techniques de questionnement décrites outil 11. Ce questionnement subtil devra constamment stimuler le coaché et non induire des solutions prémâchées par le coach.

Créer une relation qui potentialise et responsabilise le coaché

Le second présupposé majeur du coaching est le cadrage de la relation entre le coach et le coaché. Ce « cadrage » spécifique au métier de coach a pour vocation de responsabiliser le coaché notamment grâce au travail sur la demande (cf. outils 11 et 12) mais aussi et surtout d'éviter les pièges relationnels décrits à l'outil 15.

Enfin, les grilles RPBDC et GROW (outils 12 et 13) permettront au coach de structurer son intervention en contextualisant le ou les problèmes et en choisissant où intervenir (outil 14).

Les outils

Outil 10 L'écoute active

> "L'être humain possède en lui-même toutes les ressources nécessaires à son développement.
>
> **Carl Rogers**

En quelques mots

L'écoute active, aussi nommée écoute bienveillante, est une technique d'accompagnement développée par le psychologue américain Carl Rogers. Elle permet d'établir un lien profond avec son client et de favoriser un climat d'ouverture et de confiance. Elle suppose de la part du coach une écoute attentive du discours verbal et non verbal de son client et une reformulation des éléments clés exprimés par ce dernier ou le reflet de ses ressentis et émotions.
L'écoute active devient un outil puissant quand le coach fait preuve d'authenticité, de respect et d'empathie pour son client.

ÉCOUTER ATTENTIVEMENT ET REFORMULER

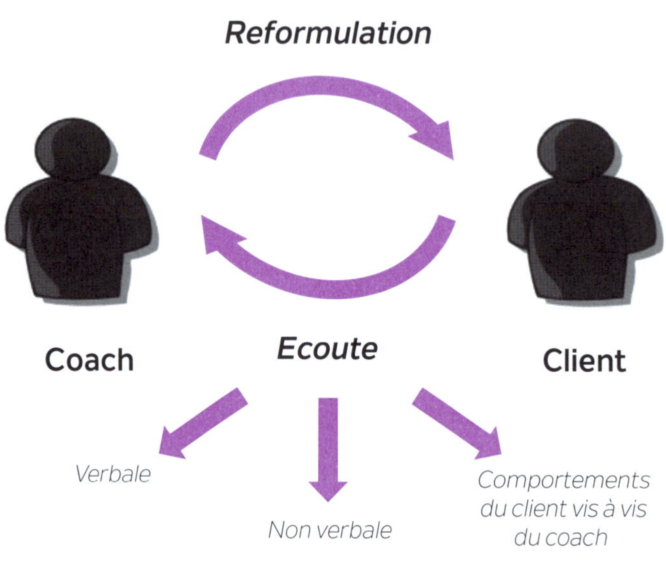

POURQUOI L'UTILISER ?

Objectifs

› Créer un climat de confiance avec son client.
› Favoriser l'expression d'un problème.
› Dépasser son propre cadre de référence et comprendre celui du client.
› S'assurer d'avoir bien cerné le problème et levé les malentendus potentiels.
› Clarifier la problématique et orienter la réflexion du client.

Contexte

L'écoute active fait partie des compétences fondamentales du coach. Elle est utilisée dans l'ensemble des séances de coaching.

COMMENT L'UTILISER ?

Étapes

1. Écouter le client d'une manière attentive en prenant simultanément en compte plusieurs canaux de communication :
- la communication verbale : ce qui est dit, les mots utilisés par le client ;
- la communication non verbale : les intonations de voix du client, les expressions de son visage, ses gestes, et de manière générale ses attitudes et ses postures corporelles (le langage du corps) ;
- les comportements du client dans sa manière d'établir une relation avec le coach.

En parallèle, le coach expérimenté pratique la troisième écoute (voir outil 2), c'est-à-dire une écoute des sentiments et pensées qui émergent chez lui en présence de son client.

2. Reformuler, c'est-à-dire formuler en d'autres termes ce que le client vient d'exprimer. La reformulation permet de valider la compréhension de ce qui se joue pour le client et de le faire progresser. Il existe plusieurs formes de reformulation :
- la reformulation reflet : il s'agit de faire miroir en restituant une phrase importante du client ou les sentiments exprimés par ce dernier, en utilisant des termes identiques ;
- la reformulation de synthèse (ou de clarification) qui vise à synthétiser, clarifier et à expliciter ce qui est dit par le client. Ce type de reformulation a également pour but de mettre en lumière des paroles, des gestes et des sentiments du client qui ne sont pas explicitement exprimés par ce dernier ;
- la reformulation déductive qui permet de mettre en évidence et de vérifier les hypothèses du client (ou ses croyances) derrière ses paroles et attitudes. Elle permet au client de progresser en lui offrant un autre angle de vue sur sa situation.

Méthodologie et conseils

L'écoute active et le questionnement (voir outil 11) sont évidemment très liés et participent de la même dynamique mise en œuvre par le coach.
La reformulation sera bien plus efficace si le coach réutilise les mots et expressions de son client.

Suite outil 10 →

Avant de vous lancer...

✓ **Mettre de la conscience sur ses propres agitations mentales et se centrer (voir outil 1) pour être pleinement attentif au client.**

✓ **La reformulation ne doit pas avoir pour but de convaincre le client ou de lui imposer des idées. Par ailleurs, il est recommandé d'utiliser la reformulation déductive uniquement si la confiance est établie avec le client.**

Suite outil 10

L'écoute active

COMMENT ÊTRE PLUS EFFICACE ?

Créer un climat de confiance avec le client

La relation entre le coach et son client doit s'établir dans un climat de confiance. Carl Rogers conseille trois attitudes :

› **Être sincère et authentique :** c'est-à-dire être véritablement soi-même vis-à-vis du client, garder une cohérence entre ce que l'on ressent, ce dont on est conscients et ce que l'on communique au client.

› **Faire preuve d'un sentiment de respect** inconditionnel vis-à-vis de son client, notamment l'accepter sans jugement et faire confiance à sa capacité à se développer.

› **Faire preuve d'empathie :** se connecter à son client pour détecter ses enjeux, sentiments et besoins profonds. Selon Carl Rogers, l'empathie c'est « ressentir l'univers particulier du client comme si c'était le sien propre, mais sans jamais oublier la restriction qu'implique le "comme si"… »

Profiter de la communication non verbale

L'observation de la communication non verbale et de sa cohérence avec la communication verbale est un levier important pour le coach. Les caractéristiques de la communication non verbale sont les suivantes :

- Elle arrive avant la communication verbale.
- Elle comporte autant, voire plus d'informations que la communication verbale.
- Elle est très difficile à contrôler.

Optimiser son écoute

La communication non verbale du coach montre son écoute ou trahit son absence d'écoute de façon visible et évidente. Dans la littérature, il est fréquent de trouver divers conseils sur les attitudes non verbales à adopter pour signifier au client que l'on l'écoute : hochement de tête, contact visuel, etc.

Sans contredire ces conseils qui peuvent s'avérer utiles dans la montée en compétences du coach, il nous semble important de souligner qu'il est très difficile (voire impossible) de contrôler sa communication non verbale (y compris en tant que coach !). Le coach n'obtiendra donc pas une communication non verbale satisfaisante par le contrôle, mais plutôt en se mettant dans les conditions d'une écoute optimale. Chaque coach développe ses propres techniques pour se préparer et se connecter à son client. Voici quelques exemples simples :

- prendre une posture physique centrée ;
- respirer calmement ;
- faire le silence dans son esprit et laisser de côté ses préoccupations ;
- pendant la séance, mettre de côté ses objectifs personnels et se focaliser sur ceux du client ;
- partir à la découverte du client avec une curiosité bienveillante : Que peut-il ressentir à chaque instant ? Quels sont ses enjeux ? Pourquoi fait-il telle ou telle affirmation ? Quels sont ses besoins profonds ? ;
- garder le silence.

Savoir gérer l'émotion quand elle arrive

Quand le client extériorise une émotion forte, la prudence ou la réserve peuvent s'avérer être de mauvais choix pour le coach. Il s'agit au contraire de prendre le temps d'accueillir cette émotion, de rester bienveillant et attentif au client et d'orienter l'entretien sur ce qu'il ressent, par exemple en posant des questions ouvertes.

Cas d'entreprise

Quel type de reformulation utiliser ?

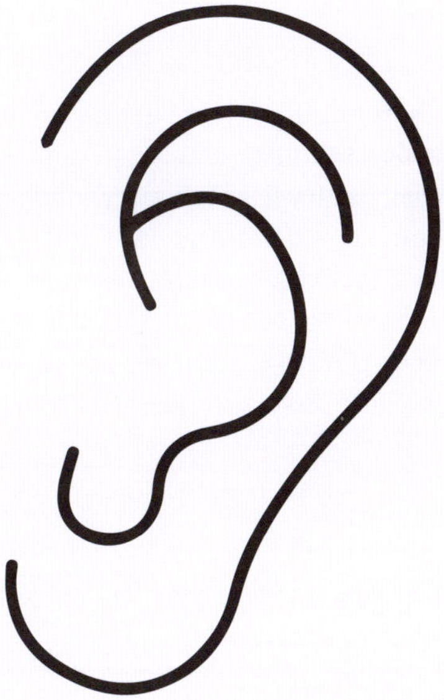

© amin268 - Fotolia.com

Contexte

Client :

« Philippe m'a mise en défaut devant le comité de direction. »

Le coach choisit soit le silence (et l'écoute attentive), soit la reformulation en intelligence de situation. Ce choix oriente la réflexion du client.

Cas 1 : Reformulation reflet

Coach :

« Mise en défaut ? »

Cas 2 : Reformulation de clarification

Coach :

« Si je comprends bien, cette mise en défaut vous a mis en colère. »

Cas 3 : Reformulation déductive

Coach :

« J'entends que dans votre conception du management, un collaborateur ne doit pas exprimer son désaccord avec son chef devant les autres. Est-ce bien cela ? » ■

Outil 11 Le questionnement

> « En coaching, les questions puissantes sont celles qui proposent au client de reconsidérer sa façon d'aborder le problème.
>
> **Alain Cardon**

En quelques mots

Le coaching, c'est l'art de poser les bonnes questions aux bons moments. **Le questionnement**, associé à une écoute active du coach (voir outil 10) permet au client d'orienter sa réflexion, de reconsidérer son cadre de référence et enfin de trouver sa propre solution.
Le coach dispose d'un éventail de typologies de questions pour faire progresser son client. Les plus fréquemment utilisées sont les questions ouvertes, fermées, orientées action, orientées expérience dans le passé, de clarification, de projection et métaphoriques.

POSER LA BONNE QUESTION AU BON MOMENT

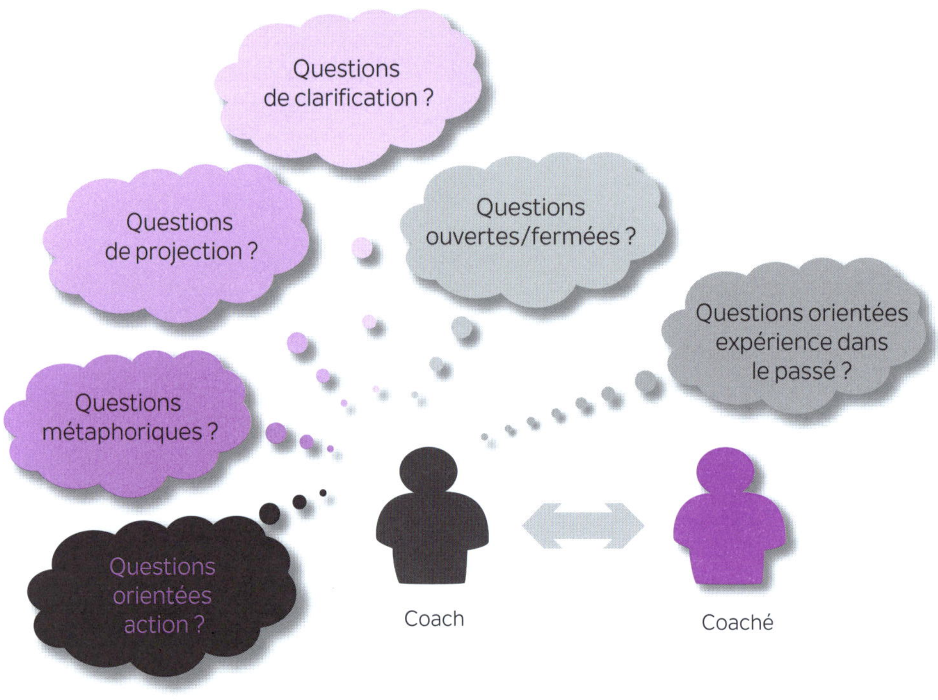

POURQUOI L'UTILISER ?

Objectifs

› Favoriser et encourager l'expression d'une situation ou d'un problème.
› Orienter la réflexion du client pour le faire progresser.
› Amener le client à reconsidérer son cadre de référence.
› Aider le client à trouver une solution à son problème et à développer son potentiel.

Contexte

Cet outil est utilisé dans l'ensemble des séances de coaching. Il est plus prégnant au démarrage d'un coaching, lors de la phase de construction de la relation.

COMMENT L'UTILISER ?

Étapes

1. Écouter le client de manière active.
Le questionnement est lié à un contexte et à une demande du client. Dans ce cadre, il démarre préalablement par l'écoute active du client (voir outil 10).
2. Choisir la typologie de la question :
- Une question « ouverte » qui permet au client de développer et d'approfondir une pensée ou une émotion et ouvre le champ de la discussion.

Exemple : « Que ressentez-vous dans cette situation ? »
- Une question « fermée » qui dirige le client vers un choix quand c'est nécessaire.

Exemple : « Souhaitez-vous mettre en œuvre la solution X, Y ou Z ? »
- Une question « orientée action » qui débute généralement par « Comment allez-vous faire pour... ? » afin d'encourager le client à se focaliser sur les actions à accomplir pour réussir.
- Une question « orientée expérience dans le passé » qui permet au client de rechercher des situations équivalentes dans d'autres contextes où il a déjà rencontré et résolu le problème.

Exemple : « Avez-vous déjà rencontré des problèmes équivalents dans le passé ? »
- Une question de « clarification » qui invite le client à illustrer factuellement ses propos lorsque ce dernier décrit de façon trop généraliste un problème ou une situation.
- Une question de « projection » qui permet de focaliser le client sur la solution plutôt que sur les obstacles. Le coach demande à son client d'imaginer qu'il a déjà résolu son problème ou réussi ses objectifs puis lui demande de décrire comment il a fait.
- Une question « métaphorique » : le coach suggère une idée sur le mode métaphorique et propose au client de rechercher des solutions dans ce contexte décalé mais équivalent à sa situation.

Méthodologie et conseils

Toute question enferme une part du cadre de référence de la personne qui la pose. Dans ce sens, le coach prend le plus grand soin dans le choix de ses mots pour générer le changement nécessaire tout en adoptant le vocabulaire du client.

Suite outil 11 →

Avant de vous lancer...

✓ **Mettre de la conscience sur ses propres agitations mentales et se centrer (voir outil 1) pour être pleinement attentif au client.**

✓ **Utiliser cet outil après une phase suffisante d'écoute active (voir outil 10), de reformulation et de création de la relation avec le client.**

✓ **Ne pas brusquer le client avec des questions trop rapides et pressantes.**

Le questionnement

COMMENT ÊTRE PLUS EFFICACE ?

La philosophie du questionnement peut se résumer par la fameuse phrase de Carl Rogers : « *Le pouvoir est chez le patient* ». Cette philosophie implique une posture spécifique de la part du coach.

Respecter le rythme du client

Il n'est pas rare que le client soit confronté pour la première fois à des questions sur ses motivations, ses modes de réflexion ou ses émotions. Aussi, il est primordial de trouver le juste rythme qui permette au client de s'approprier ces questions posées et d'y trouver ses propres réponses.

Faire preuve d'économie de moyens

Par souci d'efficacité, il est recommandé de questionner le client de manière précise, courte, pertinente et à-propos. Ces questions doivent orienter la réflexion du client et le faire progresser plutôt que d'aider le coach à mieux comprendre les détails du contexte.

Privilégier des questions qui élargissent le « regard » du client

Pour apporter une aide efficace et durable, le coach est moins amené à écouter le problème de son client que la manière dont ce dernier se pose le problème. Le coach considère qu'un problème qui ne trouve pas de solution est probablement un problème mal formulé. Il est alors amené à pratiquer un questionnement incitant le client à changer de regard sur son problème et à élargir son cadre de référence.

Conserver une position basse

Dans l'approche du coaching, le coach ne se juge pas « meilleur » que son client. Il le considère comme un expert connaissant parfaitement son domaine et ayant déjà envisagé un ensemble de solutions avant de le consulter.

Dans ce sens, il ne pose pas de questions pour découvrir ou « dénicher » la solution originale à laquelle le client n'aurait pas pensé. De même, les questions dirigées et fermées (« Avez-vous pensé à ? ») sont également à éviter le plus possible car elles proposent indirectement des solutions et ne permettent pas au client de faire son chemin de façon autonome.

Privilégier les questions actives aux questions analytiques

Les questions analytiques, de type « pourquoi ? », permettent au coach de mieux comprendre le cadre de référence de son client. Par ailleurs, elles amènent le client à creuser son problème, réfléchir sur son passé, ses motivations et l'aident dans la prise de conscience de ses limites et contraintes. Cependant, ces questions s'accompagnent de points de vigilance : le client peut rentrer dans une démarche de justification ou alors tenter de tout expliquer dans le détail.

Les questions actives, de type « comment ? », permettent d'orienter le coaché dans la compréhension de ses modes de fonctionnement actuels, puis l'orienter vers le futur dans une démarche active de changement pour atteindre ses objectifs.

Le coaching étant une approche résolument orientée action, il est recommandé de privilégier les questions actives et de peu utiliser les questions analytiques.

Pour laisser le maximum d'espace à son client, le coach pose des questions ciblées d'une façon minimaliste, précise et à-propos.

Cas d'entreprise

Quels types de questions poser au client ?

© martialred - Fotolia.com

Le coaché : « Encore une fois, lundi dernier, il y a eu des échanges vifs entre Philippe et le Directeur Commercial. »
Le coach doit choisir la typologie de questions en intelligence de situation. Ce choix oriente fortement la réflexion du client.

Cas 1 : Question ouverte

Coach : « Quelles sont vos options dans cette situation ? »

Cas 2 : Question de clarification

Coach : « Quand vous dites "échanges vifs", pourriez-vous me préciser ce qui s'est dit entre Philippe et le directeur commercial ? »

Cas 3 : Question orientée action

Coach : « Comment allez-vous faire pour améliorer les relations entre les deux directions dans les semaines à venir ? »

Cas 4 : Question de type « expérience dans le passé »

Coach : « Avez-vous déjà fait face à ce type de conflits dans votre carrière ? Comment avez-vous réussi à les résoudre ? »

Cas 5 : Question de projection

Coach : « Projetez-vous dans un an. Philippe et le directeur commercial entretiennent une relation efficace et cordiale. Pourriez-vous me décrire l'environnement de travail ? Quelles sont les réussites des derniers mois ? Comment avez-vous fait pour résoudre le problème ? »

Cas 6 : Question métaphorique

Coach : « Imaginez-vous lors d'un déjeuner de famille. Comme d'habitude, votre fils et votre sœur ont des discussions vives. Comment allez-vous faire pour que la famille soit tranquille le dimanche suivant ? »

Cas 7 : Question fermée (après une question ouverte)

Client : « Je vois deux possibilités : parler séparément avec le directeur commercial et Philippe ou organiser une réunion de médiation à trois. »
Coach : « Étant donné les enjeux des deux directions, quelle est l'option qui vous paraît la plus pertinente aujourd'hui ? » ■

Outil 12 La grille RPBDC

> “ Un problème sans solution est un problème mal posé.
>
> **Albert Einstein**

En quelques mots

La grille RPBDC est un outil qui permet au coach de structurer ses séances à travers le traitement de cinq paramètres. L'explicitation des trois premiers paramètres (le Réel, le Problème et le Besoin) permet au coach de comprendre la situation du coaché et de poser un diagnostic sur ses besoins. Les deux derniers paramètres (la Demande et le Contrat) vont instaurer une relation équilibrée dans laquelle le coach et le coaché seront coresponsables du travail et de la relation.

FIXER DES OBJECTIFS ET CADRER LA RELATION

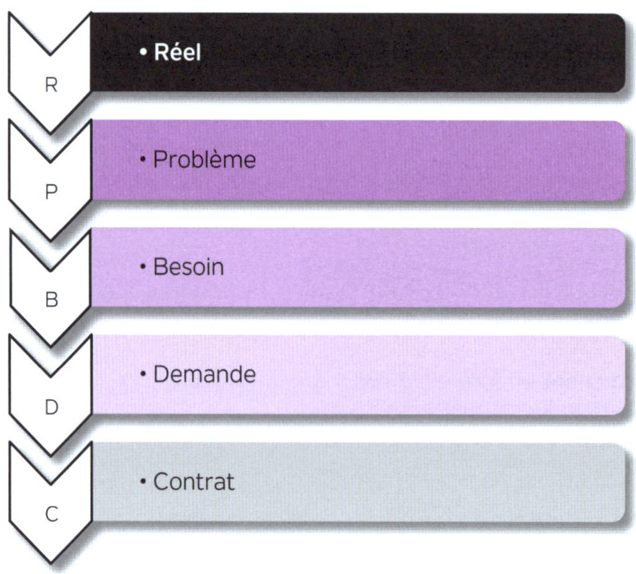

POURQUOI L'UTILISER ?

Objectifs

› Comprendre la situation du coaché : son environnement, sa problématique, la situation qu'il désire, son cadre de référence.
› Établir un diagnostic du besoin du coaché.
› Ajuster la relation avec le coaché en clarifiant sa demande en termes de résultats et également en termes de relations.
› Intervenir grâce aux informations obtenues de manière appropriée.

Contexte

Cet outil est particulièrement utile en coaching individuel mais peut également être étendu au coaching d'équipe notamment grâce au fait qu'il permet au coach de clarifier sa relation avec l'équipe accompagnée et d'éviter ainsi les principaux pièges relationnels inhérents à la relation de coaching.

COMMENT L'UTILISER ?

Étapes

1. **Clarifier le réel** en questionnant le coaché sur sa situation actuelle : Où ? Qui ? Quoi ? Comment ? Combien ? Pourquoi ? Quand ? (CQQCOQP).
2. **Comprendre le problème** pour identifier l'écart entre la situation actuelle et l'état futur désiré. Le coach pourra utiliser l'outil des zones d'intervention (voir outil 14) et poser les questions de clarification : quel est le problème ? Est-ce votre problème ? En quoi est-ce un problème pour vous ? Pourquoi vous posez-vous ce problème ? Pourquoi me le posez-vous à moi ?
3. **Identifier le besoin du client** en formulant des hypothèses sur les besoins du coaché et ainsi poser un diagnostic. Le coach pourra, suivant sa sensibilité et ses formations, s'appuyer sur différentes grilles d'analyse et de lecture dont l'analyse transactionnelle, la PNL, la bioénergie, la *process communication*, etc. La subjectivité de ce diagnostic nécessite la plus grande prudence et implique de ne pas le communiquer trop vite au client.
4. **Expliciter la demande du client** grâce à deux questions simples et directes du coach. « Quel résultat voulez-vous atteindre ? » Cette question permet de déterminer l'objectif de la séance. « Qu'attendez-vous de moi ? » Cette question permet de responsabiliser le coaché et le place en acteur de sa séance.
5. **Passer un contrat explicite**. Il s'agit là d'établir un contrat réciproque. Quel rôle souhaite-t-il voir jouer au coach ? Qu'il l'écoute, qu'il lui donne un feedback, etc. ? Le coach qui a écouté l'ensemble des demandes du coaché se positionne à présent sur le contenu qu'il s'engage à traiter et sur la façon de le faire.

Méthodologie et conseils

Le processus RPBDC n'est pas linéaire ; il s'agit en effet pour le coach de balayer constamment ces 5 niveaux logiques pour adapter en temps réel son intervention à l'évolution du coaché.
Par ailleurs, le coach débutant qui se sera laissé « déborder » par son client pourra à tout moment revenir à la demande et au contrat de la séance pour rétablir la séance.

Suite outil 12 →

Avant de vous lancer...

✓ Ajuster en intelligence de situation le temps passé à chaque niveau logique de la grille tout en s'assurant que les cinq niveaux ont bien été abordés.

✓ Être particulièrement attentif au cadrage de la relation (explicitation de la demande et du contrat), qui est la dimension la plus spécifique à la relation du coaching.

✓ La question « Qu'attendez-vous de moi ? » peut paraître surprenante pour le client. Dans ce cas, le coach peut aider le coaché dans sa réflexion en lui faisant des propositions d'actions.

La grille RPBDC

COMMENT ÊTRE PLUS EFFICACE ?

En clarifiant les différents niveaux logiques de la grille RPBDC, le coach va éviter les principaux pièges de la relation d'aide, dont le triangle dramatique (voir outil 15) et le processus parallèle. L'élément principal de la grille RPBDC pour ce faire est l'explicitation de la demande. Or, cette dernière peut être de différentes natures et nécessiter un traitement approprié. Il est donc impératif que le coach connaisse à la fois les types de demande possibles et les pistes pour les traiter et éviter les pièges qu'elles recèlent.

Les différents types de demandes

Vincent Lenhardt a montré qu'il existait 7 types de demandes qu'il convient de savoir déceler :

- **L'anti-demande.** Elle émane généralement de personnes à qui le coaching a été imposé et qui essayent par une demande contradictoire de faire échouer l'accompagnement.
- **La non-demande.** Elle est souvent le fait de personnes qui n'ont pas de réelles motivations et sont en coaching « pour voir ».
- **La contre-demande.** Elle est caractéristique des personnes « contre-dépendantes » (voir outil 28) et se traduit par leur difficulté à formuler une demande claire. Pour cela, elles ont besoin de la parole du coach pour être en mesure de savoir ce qu'elles veulent.
- **La demande confuse.** Elle est le fait de personnes envahies à tel point par leur problème qu'elles ne peuvent le formuler.
- **La demande ambivalente.** C'est le type de demande qui porte en elle un paradoxe, par exemple : « M. le coach, aidez-moi à me débrouiller seul. »
- **La demande explicite.** C'est enfin la première formulation de demandes « travaillables » qui cache généralement d'autres niveaux de demandes qui ne peuvent émerger qu'après explicitation des faits, identification du problème et prise en compte des besoins.
- **La demande latente.** Il s'agit de la demande qui est au niveau préconscient ou inconscient et qui ne peut émerger qu'avec le temps.

Quelques stratégies pour traiter les différents types de demandes

› L'anti-demande nécessite que le coach mette le client face à ses responsabilités en le confrontant si nécessaire.
› La non-demande peut être traitée en faisant travailler le coaché sur ce que serait une séance réussie pour lui.
› La contre-demande nécessite que le coach assume la frustration de se faire agresser explicitement ou tacitement et se garde de répondre.
› La demande confuse nécessite de « contextuer » très finement la demande en clarifiant les zones d'intervention (voir outil 14).
› La demande ambivalente nécessite d'identifier les conflits intérieurs de la personne.
› La demande explicite implique que le coach prenne un temps suffisant pour en valider le contenu et cadrer la relation avec le coaché *via* le contrat.
› La demande latente nécessite de travailler avec les huit zones d'intervention (voir outil 14).

Toujours adapter son intervention en fonction du niveau de demande du client.

Exercice

> Questionnaire à l'usage des coachs pour analyser la performance de leur séance de coaching : tout coach doit avoir un lieu de supervision, c'est une exigence du métier. Avant de travailler avec son superviseur, il peut être utile au coach – débutant notamment – de faire un auto-diagnostic des principales questions soulevées par la grille RPBDC.

1. Exploration du réel

› Ai-je suffisamment compris le contexte, la situation et les enjeux du client ?

› Me suis-je laissé encombrer par trop de détails ?

2. Identification du problème

› Selon moi, quel est le problème du client ?

› Est-ce que mon client l'a bien identifié ?

3. Identification du besoin

› Quel est mon diagnostic sur la situation du client ?

› Est-il complet et pertinent ?

4. Clarification de la demande

› Ai-je permis à mon client d'expliciter sa demande concernant les objectifs et les modalités du coaching ?

5. Explicitation du contrat

› Le contrat de séance est-il explicite et clair ? Est-il implicite et/ou symbiotique ?

6. Questions globales

› Est-ce que mon client a fait un pas ou un progrès significatif ?

› Pouvait-il avancer plus dans la séance ?

› Quelle a été ma stratégie d'intervention ?

› Mes interventions ont-elles été claires et pertinentes ?

› Y a-t-il eu des interventions aidantes ? Des interventions dommageables ?

Outil 13 Le modèle GROW

> “ Les questions constituent la base du dialogue qui s’établit entre le coach et son client.
>
> **John Whitmore**

En quelques mots

Le questionnement constitue la base du dialogue entre un coach et son client. D’après John Whitmore, 4 rubriques sont à traiter dans l’enchaînement de ces questions : la définition d’un objectif pour la session de coaching (Goal), un examen approfondi de la réalité et l’exploration de la situation actuelle (Reality), la recherche des options possibles (Options) et des actions à entreprendre (Will).
Les initiales de ces 4 mots en anglais (Goal, Reality, Options, Will) forment l’acronyme « GROW », signifiant « progresser ».

L’ORDRE ET L’ENCHAÎNEMENT DES QUESTIONS LORS D’UNE SÉANCE DE COACHING

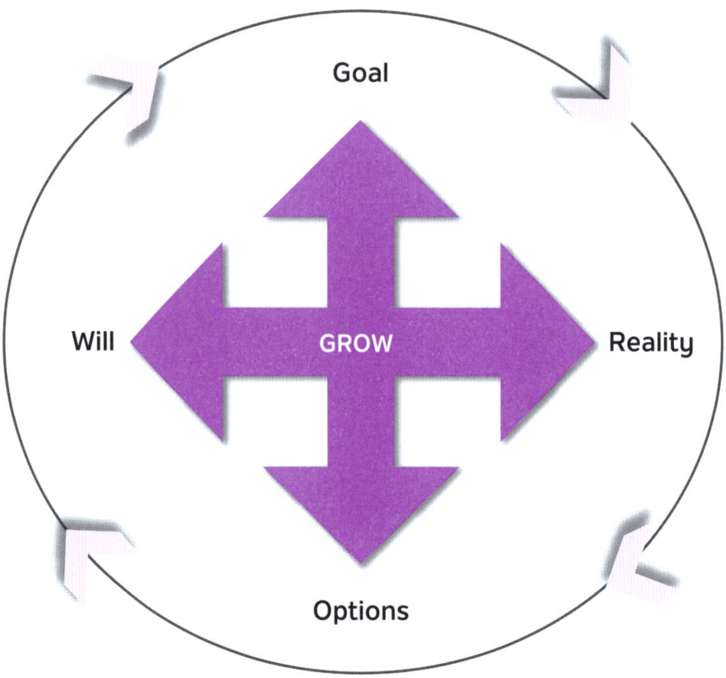

POURQUOI L'UTILISER ?

Objectifs

› Accompagner le client à trouver la solution à son problème à travers un enchaînement de questions.
› Développer le potentiel du client.
› Structurer les questions au coach sur une ou plusieurs séances de coaching.

Contexte

Le modèle GROW est utilisable aussi bien dans un cadre de coaching classique sur 8 à 10 séances que lors d'un « dialogue de coaching » rapide avec un client.
Ce modèle est particulièrement adapté aux coachings de performance et de résolution de problèmes.

COMMENT L'UTILISER ?

Étapes

1. **Les questions de type « Goal »** (objectifs) permettent de clarifier l'ambition globale du client, ses objectifs à long et à court termes et enfin sa demande vis-à-vis du coach.
Exemple : « quel est votre objectif ? Quelle est la situation souhaitée ? Que souhaitez-vous accomplir lors de cette séance ? »
2. **Les questions de la rubrique « Reality »** (réalité) ont pour objectif d'explorer la situation actuelle, d'examiner d'une façon objective et approfondie la réalité et d'appréhender l'écart entre la situation actuelle et la situation souhaitée par le client.
Exemple : « quelle est votre perception de la situation actuelle ? Quelles mesures avez-vous prises pour accéder à votre objectif jusqu'à présent ? »
3. **Les questions de la rubrique « Options »** invitent le client à envisager l'ensemble des solutions possibles en réponse à son problème puis à prendre une décision.
Exemple : « quelles sont vos différentes options et/ou stratégies d'actions pour aller de l'avant ? Quels sont les avantages et inconvénients de ces solutions ? ».
4. **Les questions « Will »** (actions) ont pour objectif de transformer la réflexion en plan d'actions puis d'identifier les obstacles potentiels sur le chemin.
Exemple : « qu'allez-vous faire ? Quelles sont vos prochaines étapes ? Quels pourraient être les obstacles à la mise en œuvre de ces actions ?

Méthodologie et conseils

Le client arrive le plus souvent en séance avec une préoccupation en tête : difficultés à clarifier un objectif, problèmes rencontrés au quotidien, décisions difficiles à prendre et actions qui ne donnent pas le résultat attendu. Dans un premier temps, il paraît pertinent d'utiliser l'énergie apportée par le client, de l'écouter sans lui imposer une structure rigide, bref de rentrer dans le modèle GROW par la « fenêtre du client ».
Ensuite, l'utilisation du modèle GROW peut démarrer en commençant par des questions de type « Goal ».

Suite outil 13 →

Avant de vous lancer...

✓ Ajuster en intelligence de situation le temps passé à chaque niveau logique de la grille tout en s'assurant que les 4 niveaux ont bien été abordés.

✓ Être particulièrement attentif aux questions de type « Goal » au démarrage de l'intervention.

✓ Attention à ne pas utiliser ce modèle de manière linéaire et tambour battant.

Suite outil 13 Le modèle GROW

COMMENT ÊTRE PLUS EFFICACE ?

Utiliser le modèle GROW d'une manière itérative

Il convient d'utiliser ce modèle d'une manière itérative en prenant en compte l'interconnexion entre les 4 rubriques : c'est en accompagnant le client dans des allers-retours entre ces 4 rubriques qu'il trouve sa « cohérence » et ses propres solutions.

Définir les objectifs d'une manière précise

Dans la première étape (Goal), il est recommandé d'aider le client à définir ses objectifs d'une manière précise, à deux niveaux : le but global et les objectifs de performance (voir outil 5).

Percevoir la « réalité » à travers un objectif

Nous pourrions croire qu'il est plus facile ou plus pertinent de commencer par l'analyse de la situation (Reality) avant de définir les objectifs (Goal). Notre cadre de référence français pourrait renforcer cette croyance. Au contraire, après l'utilisation du modèle, le coach averti arrive à la conclusion que la perception de la réalité ne prend tout son sens qu'au regard des objectifs du client.

Résister à la tentation de passer trop vite à l'étape « Options »

Les objectifs du client peuvent être modifiés ou même complètement revus au regard de la réalité. De même, la perception de la réalité peut prendre une toute autre couleur selon les ambitions et les objectifs de la personne. C'est pourquoi il est souvent nécessaire d'accompagner le client à effectuer un ou plusieurs allers-retours entre les deux étapes « Goal » et « Reality » de façon à clarifier ses objectifs et à percevoir la situation actuelle d'une manière plus objective. Ces deux étapes (Goal et Reality) permettent souvent à elles seules des prises de conscience importantes et des accès rapides à des solutions. En outre, elles apportent une motivation supplémentaire au client dans son chemin de progrès.

Encourager le client à faire un choix aussi large que possible

L'étape de recherche d'options n'a pas d'emblée pour objectif de trouver la solution finale. Il s'agit dans cette étape d'établir une liste de toutes les possibilités qui pourraient s'offrir au client : c'est une étape visant la quantité plutôt que la qualité. Le coach a la responsabilité d'éviter à son client de se censurer (par exemple par des croyances limitantes ou des préjugés). Il doit créer un climat de confiance pour que le client puisse lâcher prise et formuler le plus d'options possible, y compris les plus farfelues. Quand le client a achevé son exploration, le coach peut proposer d'autres options pour relancer l'exploration et pour mettre en évidence les angles morts du client.

Accompagner la prise de décision

À la fin de la troisième étape (Options), il peut être utile d'accompagner le client à passer en revue la liste des options pour les évaluer : les avantages, la facilité de mise en œuvre, les risques, la cohérence avec les objectifs… C'est la combinaison de plusieurs idées qui apparaîtra le plus souvent comme la meilleure solution.

S'assurer de la cohérence de l'ensemble

Enfin, il est important de s'assurer de la cohérence entre les actions à mettre en œuvre (Will), les objectifs à atteindre et la situation actuelle.
Les allers-retours entre les 4 rubriques du modèle GROW constituent un enchaînement de questions permettant au client de trouver des solutions cohérentes.

Exercice

> Se coacher grâce au modèle GROW : choisissez une situation personnelle et/ou professionnelle que vous souhaitez changer et répondez aux questions suivantes.

1. Que souhaitez-vous accomplir ?
2. À quoi ressemblera la situation future si vous réussissez ?
3. Qu'est-ce qui constituera une véritable valeur ajoutée pour vous ?
4. Quelle est votre perception de la situation actuelle ? Est-ce une perception partagée ?
5. Quel est votre problème ? En quoi est-ce votre problème ?
6. Quelles sont les conséquences de ce problème ?
7. Quelles mesures avez-vous prises pour y remédier à ce jour ? Quel a été l'effet de ces mesures ?
8. Quelles sont les différentes alternatives ou options ?
9. Quels sont les avantages et inconvénients de ces options ?
10. Quelles solutions avez-vous déjà choisies dans des situations similaires ?
11. Quelles sont les options que vous préférez ? Pourriez-vous les évaluer de 1 à 10 ?
12. Qu'allez-vous faire ? Quand le ferez-vous ?
13. Cette action vous permettra-t-elle d'atteindre vos objectifs ?
14. Quels obstacles risquez-vous de rencontrer ? À qui aurez-vous besoin de demander de l'aide ?

Les questions 1 à 3 sont de type « G », les questions 4 à 7 de type « R », celles allant de 8 à 11 de type « O » et les dernières questions de type « W ».

Outil 14 Les zones d'intervention

> “
> *Complexité :*
> *ce qui est ensemble.*
> *Les constituants sont*
> *différents, mais il faut voir*
> *comme dans une tapisserie,*
> *la figure d'ensemble.*
>
> **Edgar Morin**

En quelques mots

Mis au point par Vincent Lenhardt, cet outil définit huit zones d'intervention à explorer par le coach pour structurer ses séances. En fonction des urgences et des priorités que le coach a identifiées sur chacune de ces zones, il peut élaborer son plan de travail pour l'ensemble du coaching. Ces zones sont celles du coach lui-même (zone 1), de l'espace de la relation entre le coach et son client (zone 2), de l'identité du client (zone 3), du problème tel que décrit par le client (zone 6), de la relation du client avec ce problème (zone 8), de l'environnement du client (zone 5), de la relation du client avec ses interlocuteurs (zone 4) et des relations entre l'environnement du client et le problème (zone 7).

REPÉRER LES ZONES D'INTERVENTION

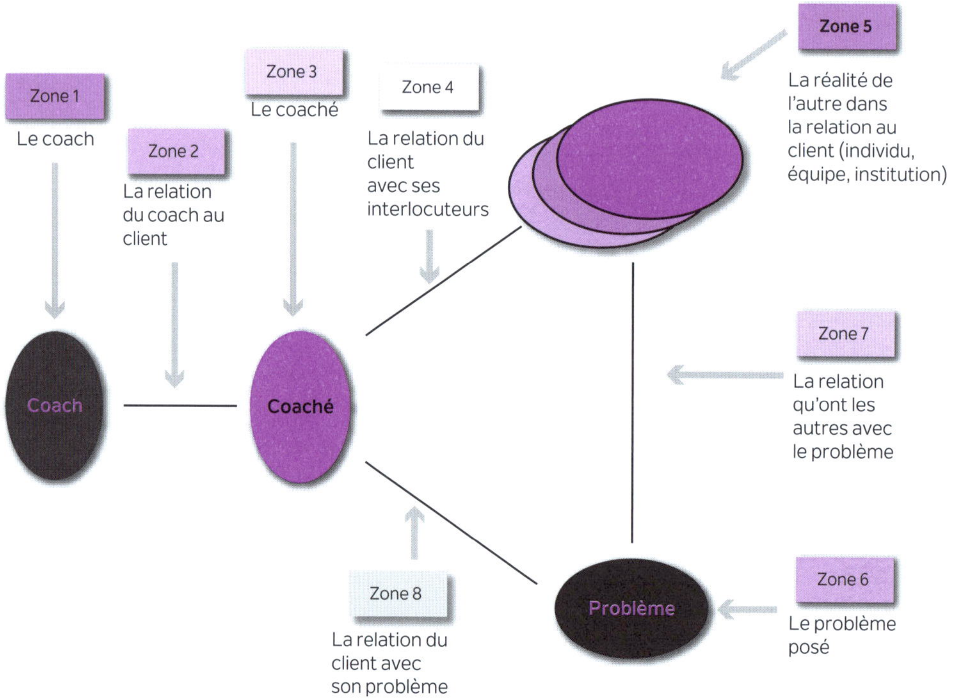

Source : Vincent Lenhardt

POURQUOI L'UTILISER ?

Objectifs

› Identifier et prioriser les problèmes à traiter.
› Établir un plan de travail pour l'ensemble des séances de coaching.
› Traiter en séance l'urgence identifiée.

Contexte

Cet outil s'utilise essentiellement en coaching individuel.

COMMENT L'UTILISER ?

Étapes

1. **Être au clair avec soi-même** (zone 1).
Cette étape particulièrement importante pour les coachs débutants invite ces derniers à se poser la question de leurs propres enjeux qui pourraient parasiter la séance.
Par exemple, un coach débutant qui décroche son premier contrat de coaching pourrait vouloir à tout prix faire avancer ou changer son coaché pour démontrer sa compétence ou justifier ses honoraires, ce qui, en ne respectant pas le rythme du coaché, pourrait nuire à la démarche.
2. **Établir une relation efficace** (zone 2).
L'outil RPBDC (voir outil 12) pourra être utilisé ici pour s'assurer que s'instaure une relation équilibrée qui favorise l'autonomisation du coaché et minimise les risques de dépendance.
3. **Renforcer l'estime de soi du client** (zone 3).
Suivant son diagnostic, le coach pourra utiliser différentes approches pour renforcer l'estime que le client a de lui-même (dont l'élément humain de Will Schutz) ou le modèle des 4 zones (voir outil 26).
4. **Diagnostiquer les relations du coaché avec son environnement de travail** (équipe, organisation, actionnaires...) (zone 4).
Dans le cas d'un coaché qui n'arriverait pas à manager son équipe, le coach pourra, en s'appuyant sur l'outil des degrés de l'autonomie (voir outil 28), montrer en quoi le client peut adapter son style de management aux besoins de son équipe.
5. **Diagnostiquer le système dans lequel évolue le coaché** (zone 5).
Le coach aide son client à mettre au jour les spécificités culturelles, sectorielles, managériales, etc., et les dysfonctionnements de son organisation pour comprendre les difficultés qu'il y vit et intervenir de façon pertinente.
6. **Apporter si possible des éléments de résolution « technique »** ou renvoyer le coaché vers un spécialiste (zone 6).
7. **Proposer des pistes de réflexion et de compréhension** des liens entre son organisation et le problème rencontré (zone 7).
8. **Analyser la relation du coaché avec son problème** (zone 8).
Le coach aide son client à trouver des options lui donnant plus de souplesse dans sa relation avec le problème.

Méthodologie et conseils

Sauf en cas de crise majeure, il est important de bien prendre le temps d'investiguer chacune des zones pour éviter de passer à côté de paramètres dont pourrait dépendre l'émergence d'une solution.

Suite outil 14 →

Avant de vous lancer...

✓ Cet outil permet d'éviter de se précipiter sur la résolution du « problème » et donc de faire des erreurs.

✓ S'assurer de l'accord du coaché pour travailler sur la zone proposée.

Suite outil 14 Les zones d'intervention

COMMENT ÊTRE PLUS EFFICACE ?

Le modèle des zones d'intervention est un outil majeur du coaching. Il permet aux coachs débutants d'éviter l'écueil de se jeter tête baissée sur le problème apporté par le coaché et de se retrouver coincé dans des difficultés appartenant aux autres zones. Il permet également de détecter l'émergence d'un processus parallèle.

Ce qu'est un processus parallèle

Un processus parallèle est le revécu au cœur de la relation de coaching (la zone 2) des problématiques du coaché avec son écosystème. Par exemple, un coaché qui a des difficultés relationnelles avec son supérieur hiérarchique va, sans s'en rendre compte, reproduire avec son coach une relation similaire. Évidemment, le coach ne le détecte pas immédiatement ; ce qu'il perçoit, c'est un malaise dans la zone 2. S'il n'a pas conscience de l'existence d'autres zones, il ne peut pas comprendre et traiter ce phénomène.

Identifier et piloter le processus parallèle

Le coach dispose de plusieurs outils pour identifier et traiter le processus parallèle :

- le modèle des zones d'intervention (notamment la zone 2). Un coach dépourvu de cette « carte » ne serait pas en mesure de le voir et de le nommer ;
- la grille RPBDC (voir outil 12) qui permet de le piloter en cadrant la relation ;
- la 3e écoute (voir outil 2) pour identifier son émergence et le qualifier.

En étant attentif sur ce qui se passe dans l'écosystème du coaché et sur ce qui se passe en lui, le coach va pouvoir repérer l'émergence d'un processus parallèle. Il pourra pour cela se poser régulièrement les questions suivantes :

› Qu'est-ce qui, dans la situation et la problématique que le coaché a décrites (zones 4 et 8), est en train de se rejouer dans ma relation avec lui ?
› Quelles émotions, pensées, somatisations émergent en moi qui sont soit similaires soit complémentaires de celles décrites par le coaché dans son écosystème ?
› Quel est l'inconfort (qui ne m'appartient pas) je ressens et que je peux relier à la situation du coaché ?

Exemple de traitement du processus parallèle

Une fois le processus parallèle détecté par le coach, celui-ci va pouvoir le traiter avec l'outil qui lui semblera le plus adéquat. Donnons quelques exemples courants :

› Le coach va « dénoncer » le processus parallèle en métacommuniquant sur ce qui se passe avec son coaché. Par exemple, il pourra dire au client : « En adoptant telle ou telle attitude, vous rendez-vous compte que vous agissez avec moi comme avec votre patron ? »
› Le coach va établir un contre-processus parallèle : face à un coaché pressé et dans l'urgence, le coach sera calme, prendra le temps de respirer et prendra soin de lui. Cette attitude offrira en outre un modèle utile pour le coaché.
› Le coach pourra confronter le client (voir outil 19).

Dans tous les cas, le coach choisira l'intervention la plus adéquate en fonction du degré d'évolution du client et de son alliance avec lui.

Auto-évaluation

© Icons Studio - Fotolia.com

> Choisissez un client avec lequel vous travaillez en ce moment et en vous basant sur votre dernière séance, passez en revue les questions ci-dessous et diagnostiquez le « processus parallèle » potentiel :

1. Quelles similitudes voyez-vous entre la problématique du client et votre vécu dans la relation avec lui ?

2. Quelles positions analogiques, symétriques ou opposées détectez-vous ?

3. Comment vous êtes-vous sentis pendant la séance ? Voyez-vous une analogie, symétrie avec les ressentis de votre client ?

4. Le cas échéant, comment le client a-t-il procédé (quels comportements, attitudes, etc.) pour permettre ce transfert émotionnel ?

5. Quel processus parallèle pouvez-vous déduire de ces observations ?

Outil 15 Le triangle de Karpman

> “ Aussi appelé le triangle dramatique, ce concept résume tous les jeux psychologiques décrits par l'analyse transactionnelle.

En quelques mots

Le triangle de Karpman est un modèle issu de l'analyse transactionnelle mis au point par Stephen Karpman. Ce modèle permet de comprendre la façon dont une relation qui dysfonctionne se met en place entre deux personnes. Il montre que dans ce type de relations, chacun des interlocuteurs peut adopter une des trois postures du triangle : celle de victime, persécuteur ou sauveteur. Le triangle de Karpman peut être utilisé pour analyser et traiter les situations de malaise relationnel, de conflit, voire de manipulation.

REPÉRER LES 3 RÔLES : PERSÉCUTEUR, VICTIME, SAUVETEUR

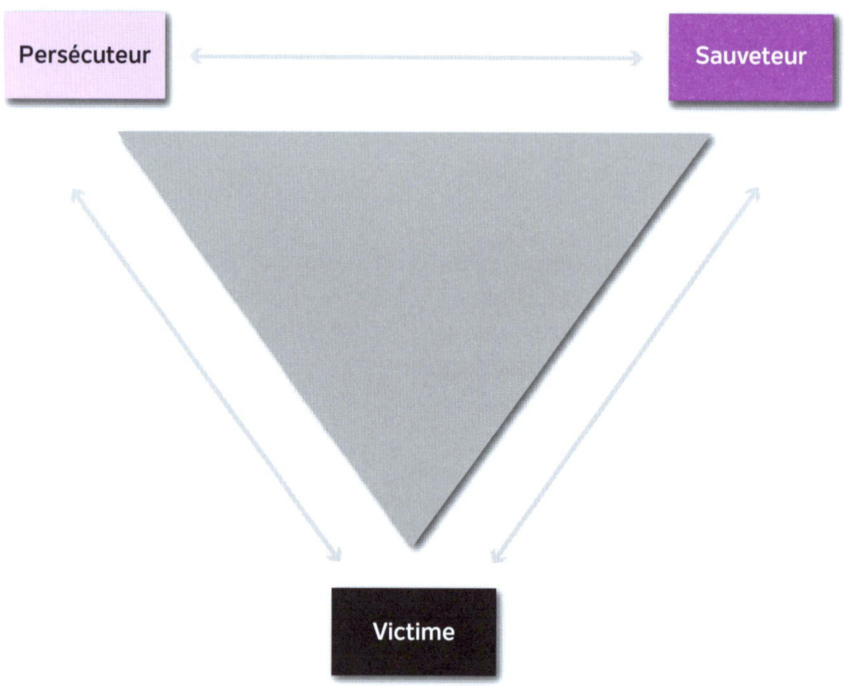

POURQUOI L'UTILISER ?

Objectifs

› Aider le client à analyser et à traiter les situations de malaise relationnel.
› Repérer et prévenir les relations conflictuelles.
› Éviter que le coach n'agisse en sauveteur vis-à-vis de son client.

Contexte

Le triangle de Karpman est utilisé lors des coachings individuels ou collectifs.

COMMENT L'UTILISER ?

Étapes

1. Comprendre la situation et les enjeux du client, en utilisant par exemple la grille RPBDC (voir outil 12), l'écoute active (voir outil 10) et le questionnement (voir outil 11).
2. Expliquer au client les trois rôles **du triangle**.
› En position de **persécuteur**, la personne agit comme si elle estimait être meilleure que l'autre. Sa communication est faite en grande partie de dévalorisations, d'attaques et de critiques directes ou indirectes. Dans ce rôle, la personne imagine qu'elle va dominer l'autre par son comportement.
› En position de **victime**, la personne a tendance à agir comme si elle avait moins de valeur que les autres. La **victime soumise** tend à exagérer ses points faibles, notamment pour attirer les sauveteurs. La **victime rebelle** déclenche facilement les réactions d'un persécuteur en revendiquant de façon agressive.
› En position de **sauveteur**, la personne agit comme si elle avait plus de valeur que les autres et que son aide leur était indispensable, même si la personne soutenue n'a rien demandé. Le sauveteur a un comportement qui rend les autres dépendants, voire passifs.
3. Comprendre la dynamique du triangle. Chacun d'entre nous, du fait de notre histoire, a tendance à jouer un rôle plutôt qu'un autre. Aucun rôle ne peut exister indépendamment des deux autres. Cela conduit les personnes à rechercher des rôles complémentaires. Par ailleurs, le triangle est dynamique. Quand une personne « joue » un des rôles du triangle, il va, au fil de la discussion permuter avec son interlocuteur, le sauveteur devenant victime et la victime devenant persécuteur par exemple. Ces permutations de rôles peuvent se faire rapidement et créer des situations dramatiques où les parties prenantes ne maîtrisent plus leurs émotions et rentrent dans une escalade de violence.
4. Accompagner le client à revisiter sa situation au regard du modèle exposé, puis à mettre en place des actions ou des stratégies relationnelles qui lui permettent d'éviter le triangle, ou d'en sortir.

Méthodologie et conseils

En coaching, c'est le rôle de sauveteur qui est le plus susceptible d'être endossé par le coach. Voici quelques indications qui peuvent aider un coach à identifier cette posture :

- le coach parle plus que le client ;
- le coach traite les problèmes du client sans qu'il y ait une demande réelle de sa part ;
- le coach a l'impression de dépenser beaucoup trop d'énergie lors d'une séance.

Suite outil 15 →

Avant de vous lancer...

✓ Avoir identifié pour vous, la porte d'entrée privilégiée dans le triangle.

✓ Avoir repéré pour vous-même les principaux déclencheurs qui pourraient vous faire jouer un des trois rôles.

✓ Bien distinguer les personnes de leurs comportements. Agir en sauveteur, par exemple, ne signifie pas que la personne soit sauveteur.

Suite outil **15**

Le triangle de Karpman

COMMENT ÊTRE PLUS EFFICACE ?

La notion du jeu psychologique et son intensité

Un jeu psychologique est le déroulement structuré des trois rôles du triangle dramatique en interaction. Les principes d'un jeu psychologique sont les suivants :

- Les jeux ont un caractère répétitif avec un aboutissement souvent prévisible pour les joueurs (« j'en étais sûr... », « je l'ai pourtant vu venir... ») et pour leur environnement (« ça y est, ils recommencent... »).
- Les acteurs cherchent des joueurs complémentaires et sont coresponsables de la continuité du jeu.
- Les jeux produisent des sentiments négatifs, des tensions et des inconforts pour l'ensemble des joueurs. Ils peuvent également générer des moments de confusion mentale et émotionnelle.
- Les jeux permettent d'atteindre des objectifs cachés : il s'agit d'une dimension « manipulatoire ». Exemples : avoir le pouvoir sur quelqu'un, obtenir de l'attention, ne pas faire face à un problème, se protéger, obtenir de l'aide sans la demander, etc. Le plus souvent, les jeux ne sont pas joués consciemment : les mêmes stratégies d'échec sont répétées par des acteurs qui ont du mal à trouver une issue.
- Degrés d'intensité des jeux psychologiques :
- À un faible degré, le jeu est accepté socialement : une scène de conflit jouée sans grande conséquence et sans escalade. Les acteurs font attention à ne pas recommencer tout de suite,
- À moyen degré, le jeu est plus violent et se produit plus fréquemment. Il est la plupart du temps caché : le public éventuel supporterait très mal la scène,
- À fort degré, le jeu est très violent et/ou coûteux, produisant des dégâts psychologiques, voire physiques à long terme.

Gérer les jeux psychologiques ou les éviter

Utiliser une stratégie « soft » :

- Face à un persécuteur, il est nécessaire de clarifier les rôles et responsabilités, d'établir un contrat et de mettre en place les règles du jeu.
- Face à un sauveteur, il est de bon ton de remercier la personne du soutien proposé, et en même temps de recadrer votre vrai besoin, votre demande par rapport à elle. L'apprentissage d'un sauveteur est de ne pas céder à la compulsion d'aider l'autre quand il n'y a pas de demande.
- Face à une victime, il s'agit parfois de reconnaître la vulnérabilité de la personne puis de l'aider à vous faire une demande (le cas échéant) avant de proposer votre soutien. En effet, le point de développement de la personne qui joue ce rôle est de sortir de plaintes et/ou critiques et de faire des demandes claires.

Dénoncer le jeu :

- Si l'invitation au jeu et/ou l'intensité du jeu sont très fortes, il est recommandé de métacommuniquer (voir outil 20) sur ce qui se passe dans la relation. Il s'agit de nommer le processus relationnel mis en œuvre par la personne. Par ailleurs, pour sortir par le haut, il est intéressant de reconnaître l'intention positive de la personne derrière son comportement, puis d'inviter la personne à co-élaborer des solutions alternatives.

Se protéger :

- Bien évidemment, dans certaines situations, le plus important est de savoir arrêter l'interaction le temps nécessaire et d'être clair sur votre besoin de prendre du recul.

Cas d'entreprise

Coaching individuel de Thierry, responsable informatique

© fotohansel - Fotolia.com

Contexte

Thierry décrit à son coach le cas de Pierre, un de ses collaborateurs.

Thierry : Pierre est quelqu'un de très compétent mais je dois avouer qu'il m'énerve et que c'est de pire en pire. Je n'arrive plus à lui parler normalement.
Coach : Pourriez-vous me donner un exemple d'une interaction entre vous ?
Thierry : Je fais le maximum d'efforts pour qu'il soit satisfait. Il y a une semaine, je lui ai proposé le projet le plus intéressant de notre activité. Mais il y a toujours quelque chose qui ne va pas. C'est « Oui, mais ». Et j'ai des dizaines d'exemples.
Coach : Comment vous sentez-vous dans ces cas ?
Thierry : Au début, j'étais inquiet. Depuis la semaine dernière, j'ai envie de le secouer. Il est brillant, mais il gâche sa carrière et la performance de l'équipe en pâtit.

Résultat

Le coach propose à Thierry de décrire le triangle de Karpman et lui demande où il se situe dans le triangle. Thierry prend conscience qu'il a joué le « Sauveteur » puis le « Persécuteur ».
Le coach amène Thierry à chercher des stratégies comportementales alternatives.
Thierry décide d'évoquer ce sujet lors de l'entretien de mi-année avec Pierre. ■

4

DOSSIER

INTERVENIR EFFICACEMENT

“

Quand un homme a faim,
mieux vaut lui apprendre à pêcher
que de lui donner un poisson.

Confucius

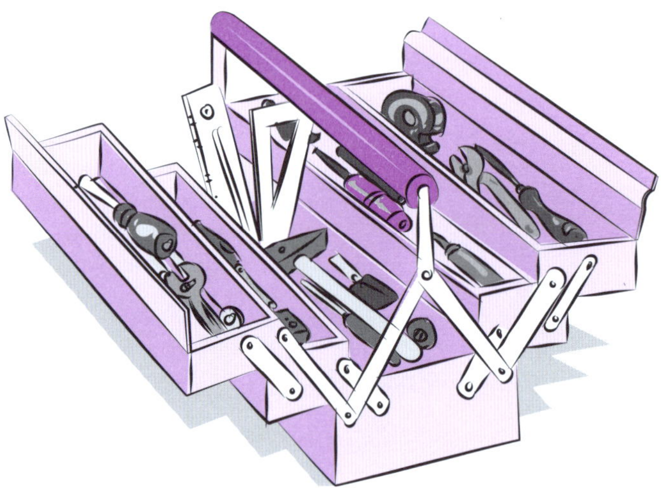

Et pourtant, le coach doit être capable, en fonction du degré d'évolution et d'autonomie de son client (voir outil 28), de choisir la stratégie la mieux adaptée. Qu'il s'agisse de construire le « cadre de référence » de son client et ainsi de lui permettre de trouver lui-même ses solutions ou de lui apporter momentanément les éclairages, enseignements et concepts qui lui manquent pour répondre à une urgence.

Vous trouverez ainsi dans ce dossier deux typologies d'outils : d'une part des grilles d'analyse permettant d'éclairer une situation et donc d'enrichir le cadre de référence du client, et d'autre part des outils rapidement applicables par le coach et qui permettront une avancée immédiate du client. Ces deux typologies d'outils définissent ainsi deux polarités d'intervention à utiliser en intelligence de situation et en fonction des besoins du client.

Le premier pôle : Le coach « enseignant »

Cette posture du coach est à privilégier lorsque le client témoigne d'un degré d'évolution très faible sur tous les sujets touchant au management et à l'humain. C'est très souvent le cas lorsque le client appartient à une société dont les évolutions vers des postes managériaux sont totalement indexées sur les compétences techniques des personnes. Avoir des responsabilités managériales étant vu paradoxalement comme la meilleure récompense à apporter à une personne ayant démontré sa très grande compétence technique.

Les outils 16, 20, 21, 26 et 27 constituent ainsi des grilles d'analyse indispensables à enseigner ou au moins à évoquer à toute personne arrivant à des postes de management.

Le second pôle : Utiliser des outils efficaces

Les fiches 17, 18, 19, 22, 23, 24 et 25 présentent 7 outils efficaces permettant au coach d'intervenir sur les représentations bloquantes du client, agissant ainsi sur la problématique qu'il exprime et lui rendant immédiatement sa « liberté d'action ».

Les outils

Outil 16 3P : Protection, Permission, Puissance

> Les 3P sont le fil rouge de toute relation d'aide. Ils permettent en effet un changement écologique pour le client.

En quelques mots

L'outil 3P (Protection, Permission, Puissance) peut être comparé au travail de mise en place d'un échafaudage avant la réparation d'un bâtiment ! Il s'agit de ne pas commencer les travaux avant d'avoir créé les conditions de sécurité. La protection est une intervention du coach mettant en garde le client contre les conséquences et risques d'une action. La permission est une intervention autorisant le client à changer de comportement. L'équilibre des protections et permissions crée les conditions pour que le client fasse l'expérience de toute sa compétence (puissance) dans la mise en œuvre des changements.

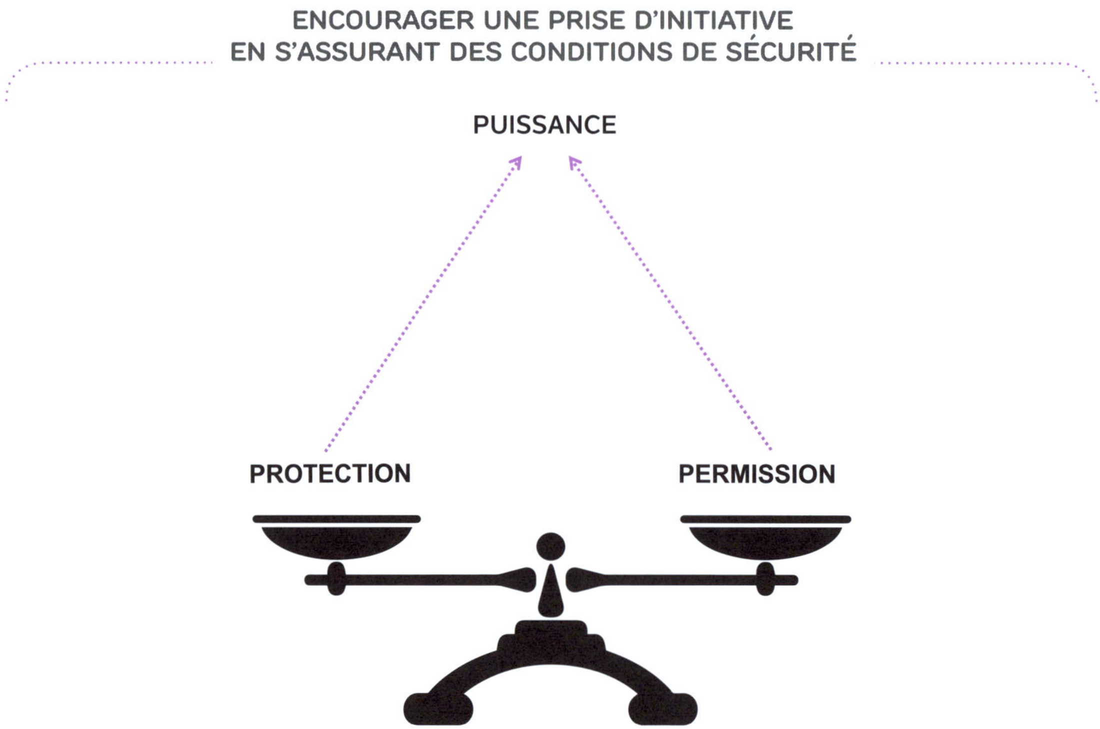

POURQUOI L'UTILISER ?

Objectif

› Permettre au coaché de modifier ses modes de fonctionnement et d'expérimenter de nouveaux comportements en toute sécurité.

Contexte

L'outil 3P est utilisé lors des coachings individuels et collectifs.

COMMENT L'UTILISER ?

Étapes

1. **Comprendre la situation et les enjeux du client.**
En utilisant par exemple la grille RPBDC (voir outil 12), l'écoute active (voir outil 10) et le questionnement (voir outil 11).

2. **Donner des protections.**
La protection consiste à dire « non », à fixer des limites, à inciter à prendre des précautions, à mettre en garde par rapport aux risques inutiles, à informer le client sur un comportement qu'il doit éviter. La protection consiste en tout dispositif qui permet de s'assurer que le changement de comportement du client peut avoir lieu sans conséquences négatives pour lui ou son entourage.

3. **Donner des permissions.**
La permission consiste à dire « oui ». Il s'agit d'interventions du coach qui encouragent le client à prendre un risque mesuré, à se dépasser, à changer de comportements ou à s'autoriser la mise en œuvre d'une action qu'il s'interdisait. Les permissions ouvrent de nouvelles perspectives et permettent au client d'explorer l'inconnu.

4. **Puissance.**
C'est en trouvant le bon équilibre entre les protections et les permissions que le coaché touche toute sa puissance dans l'expérimentation de nouveaux comportements. La puissance est la résultante d'un sentiment de sécurité intérieure et de la conscience de ses propres capacités.

– Exemple de coaching individuel :
Un jeune manager se sent mal à l'aise quand il doit donner des feedbacks négatifs à ses collaborateurs. Le coach peut l'encourager à faire ce type d'interventions (permission) pour renforcer la progression de ses collaborateurs. La protection pourrait consister en une réflexion sur un processus de feedback constructif et acceptable par le collaborateur (voir outil 18).

– Exemple de coaching collectif :
Il serait dangereux dans un séminaire de cohésion d'équipe d'inviter les participants à s'exprimer librement, notamment sur des questions personnelles (permission) si au préalable le coach n'a pas mis en place la règle de confidentialité (protection).

Méthodologie et conseils

C'est l'équilibre entre les protections et les permissions qui permet au client d'atteindre un haut degré d'autonomie. Donner des permissions trop importantes pourrait être dommageable pour le client. Donner trop de protections pourrait être interprété comme un signal de manque de confiance de la part du coach. ■

Avant de vous lancer...

✓ **Pas de permission sans protection !** Pour permettre à vos clients de vivre des changements durables et écologiques, le coach doit s'assurer des protections qui éviteront au client de se mettre en difficulté ou en danger.

✓ **Être conscient de vos propres inclinaisons face au changement et à la prise de risques : enclin à prendre des risques ou plutôt précautionneux.**

Outil 17

Le renforcement positif

Le comportement résulte de l'effet qu'il procure.

Edward Thorndike[1]

En quelques mots

Le renforcement positif est un signe de reconnaissance donné par le coach pour valoriser un comportement ou une action de son client. C'est une technique puissante pour encourager la personne accompagnée et lui faire prendre conscience de l'importance du chemin parcouru dans son développement. Pour avoir plus d'impact, le renforcement positif doit être sincère, personnalisé, spécifique et basé sur des faits.

ENCOURAGER ET SOUTENIR LE CLIENT

© Karpenko - ilia - Fotolia.com

1. Edward Thorndike est psychologue américain précurseur du behaviorisme.

POURQUOI L'UTILISER ?

Objectifs

› Renforcer la confiance du client en lui-même.
› Mettre en évidence les avancées de la personne accompagnée.
› Encourager et soutenir le client dans ses changements de comportement.

Contexte

Le renforcement positif peut être utilisé dans l'ensemble des séances de coaching individuel et collectif.

COMMENT L'UTILISER ?

Étapes

1. Écouter le client.
Le renforcement positif est lié à un contexte, qui nécessite une phase préalable d'écoute et d'observation active de la part du coach (outil 10).
2. Valoriser la personne ou l'équipe accompagnée en donnant un signe de reconnaissance positif.
Celui-ci pourra être conditionnel, c'est-à-dire lié à un comportement ou un résultat spécifique, ou inconditionnel, c'est-à-dire relatif aux qualités intrinsèques des personnes.
3. Exemples de renforcement positif par un signe de reconnaissance conditionnel :
- **Pour une personne :**
« Je trouve que vous avez fait des progrès significatifs en ce qui concerne votre capacité à déléguer. Vous avez réussi à laisser l'espace nécessaire à votre collaborateur tout en gardant une posture de ressource et de soutien quand il a eu besoin de vous. Vous l'avez aidé à développer ses talents. C'est formidable. »
- **Pour une équipe :**
« Je trouve que l'écoute mutuelle est remarquable au sein de l'équipe. »

Exemple de renforcement positif par un signe de reconnaissance inconditionnel :
- **Pour une personne :**
« La façon dont vous avez accueilli ce collaborateur en difficulté a montré votre grande bienveillance. »
- **Pour une équipe :**
« La façon dont vous avez traversé les difficultés ces derniers temps, démontre le courage et l'abnégation de l'équipe. »

Méthodologie et conseils

Pour augmenter l'impact de son renforcement positif, le coach doit :
- faire son renforcement positif dans l'instant ;
- s'exprimer à la première personne ;
- exprimer les faits observables ;
- dire en quoi ce comportement ou ce résultat a des conséquences positives ;
- personnaliser le plus possible les mots utilisés ;
- éviter de compléter le renforcement positif par un feedback critique (voir outil 18) ou par une confrontation (voir outil 19). ■

Avant de vous lancer...

✓ Vérifier votre propre capacité à accepter des retours positifs pour être modélisant vis-à-vis de vos clients.

✓ Le coach doit être sincère dans ses renforcements positifs, notamment pour ne pas risquer d'entrer dans un jeu de manipulation avec son client.

✓ Vérifier la capacité du client à recevoir du positif. Le cas échéant, ne pas hésiter à le préparer à la réception d'un retour positif.

Outil 18 Le feedback critique

> “ *La critique, art aisé, se doit d’être constructive.*
>
> **Boris Vian**

En quelques mots

Le coach utilise le feedback critique pour mettre en évidence d’une manière précise les conséquences négatives des comportements du client sur lui-même ou sur son entourage. Cette technique puissante encourage la personne accompagnée à changer de comportements. Le coach a un impact plus important dans ses feedbacks en respectant les étapes suivantes : faits (décrire les faits précis), conséquences (préciser les conséquences négatives des comportements du client) et ajustements (travail sur le changement des comportements).

DONNER UN FEEDBACK CRITIQUE D’UNE MANIÈRE CONSTRUCTIVE

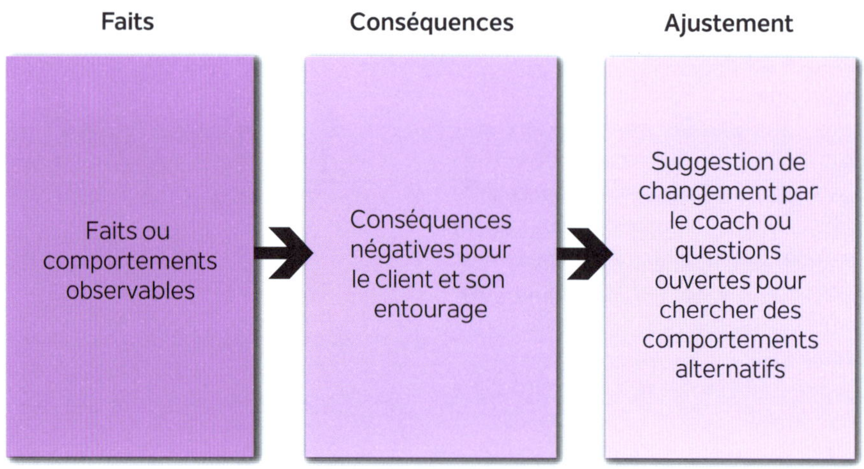

POURQUOI L'UTILISER ?

Objectifs

› Favoriser l'apprentissage et faire progresser le client.
› Donner des protections au client (voir outil 16).
› Clarifier les conséquences des comportements du client et le confronter (voir outil 19).
› Accélérer les prises de conscience du client sur une situation donnée.

Contexte

Le feedback critique peut être utilisé dans l'ensemble des séances de coaching individuel et collectif.

COMMENT L'UTILISER ?

Étapes

Pour s'assurer qu'un feedback critique est constructif et pédagogique pour le client, il est recommandé de suivre 3 étapes :

1. **Les faits.** Le feedback critique est lié à un contexte et à un comportement du client : le coach doit de préférence démarrer par la description des faits et des comportements précis qu'il a observés de la part de son client. Le coach exprime ces faits d'une manière neutre, sans jugement ni interprétation.
2. **Les conséquences.** Dans un deuxième temps, il est recommandé de préciser les conséquences négatives de ces comportements sur le client et sur d'autres personnes.
3. **L'ajustement.** Le feedback à proprement parler s'arrête à l'étape 2. Cependant, dans le cadre d'un accompagnement, le coach peut être force de proposition et suggérer un changement de comportement ou poser des questions ouvertes au client pour l'orienter sur la recherche de comportements alternatifs.

Exemples :

- « Lors de la présentation de la nouvelle stratégie à l'encadrement, vous avez principalement regardé vos feuilles. Je vous ai senti très mal à l'aise. Étant donné la situation délicate avec les syndicats, il me semble que l'encadrement pourrait se poser des questions sur l'avenir de la société et ne pas adhérer aux changements que vous proposez. Pour avoir plus d'impact la prochaine fois, je vous suggère de parler avec affirmation et de garder le contact visuel avec le public. »
- « Ce que j'entends de votre description de la situation, c'est que pour contrer les arguments du directeur de production, vous avez haussé le ton à plusieurs reprises. En agissant ainsi, vous pourriez provoquer une escalade dans ce conflit. Quelles sont vos options pour gérer cette situation ? »
- « Vous avez travaillé 17 jours d'affilée sans prendre de repos. Cela pourrait avoir des conséquences sérieuses sur votre efficacité, voire sur votre santé. Je vous encourage vivement à renforcer votre délégation et à vous organiser pour ne pas travailler les week-ends. »

Méthodologie et conseils

Pour renforcer l'apprentissage, le coach doit trouver le bon équilibre entre les feedbacks critiques et les renforcements positifs (voir outil 17) qu'il donne à son client.
Par ailleurs, le coach doit préparer et anticiper les réactions de son client face à un feedback critique, qui pourront être le désaccord (voire le déni), la confusion, la colère, la tristesse, la surprise et bien sûr l'acceptation. ■

Avant de vous lancer...

✓ **Avant tout feedback critique, vérifiez que vous êtes OK. Dans le cas contraire, rétablir votre OKness sera la priorité.**

✓ **Le feedback critique est une stratégie d'intervention. Il ne se donne que dans une intention positive, permettant au client de prendre conscience des conséquences négatives de ses comportements et de décider de les changer.**

✓ **Pour être efficace, le feedback critique doit être formulé le plus immédiatement possible après l'observation d'une situation.**

Outil 19 La confrontation

> “ La confrontation est une invitation à examiner un comportement qui semble être inefficace ou nuisible, et à le modifier.
>
> **Gerard Egan**

En quelques mots

La confrontation consiste à mettre en lumière les comportements inefficaces et incohérents du client dans l'objectif de le faire progresser. Parmi ces comportements, nous pouvons citer les contradictions, les déformations, les fuites, les excuses, divers types d'incohérences entre le langage verbal et le langage non verbal, et l'ensemble des réactions derrière lesquelles se cache le client. Ces comportements, qui constituent le plus souvent la source des problèmes du client, sont liés aux perceptions qu'a ce dernier de lui-même, de son environnement, voire de sa relation avec le coach.

CONFRONTER LE CLIENT D'UNE FAÇON BIENVEILLANTE

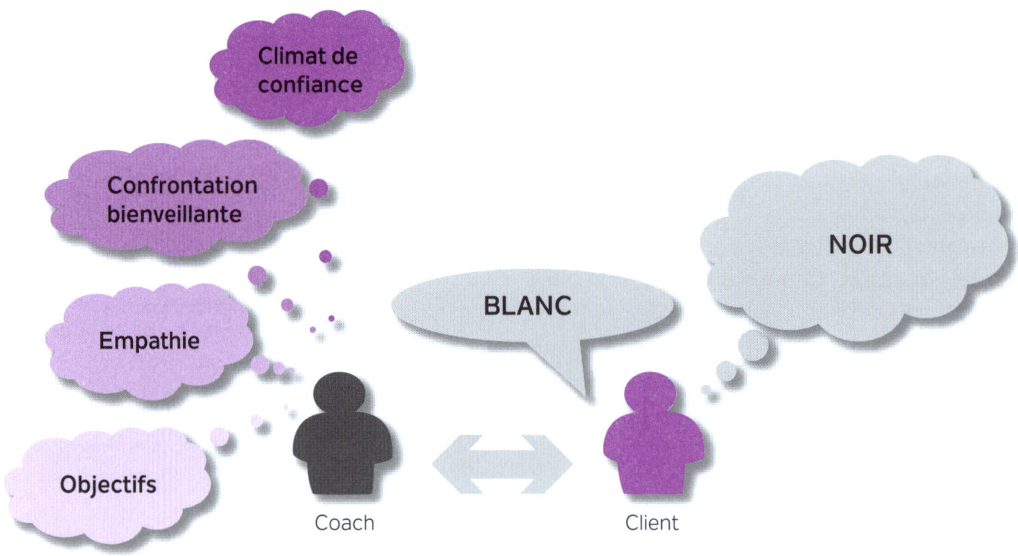

POURQUOI L'UTILISER ?

Objectifs

› Examiner un comportement et faire prendre conscience au client des incohérences et des contradictions qui l'empêchent de progresser.

› Inciter le client à mobiliser ses ressources pour changer de comportement.

Contexte

La confrontation peut être utilisée dans l'ensemble des séances de coaching individuelles et collectives.

COMMENT L'UTILISER ?

Étapes

1. Identifier clairement les éléments d'incohérence présents chez le client.

Exemples d'incohérences dans les comportements du client :

- *entre deux affirmations* (le client affirme que tout va bien puis exprime des difficultés par rapport au même sujet) ;
- *entre ce que dit le client de façon verbale et non verbale* (le client dit que tout va bien et a un comportement nerveux et agité) ;
- *entre deux comportements non verbaux* (le client sourit mais reste très tendu corporellement) ;
- *entre ses objectifs et ses possibilités* (le client se fixe des objectifs irréalistes au regard de sa situation ou de ses possibilités) ;
- *entre ce que le client dit et ses comportements* (un client affirme qu'il souhaite laisser de l'autonomie à ses collaborateurs, tout en restant visiblement directif) ;
- *entre les valeurs et les actes* (un client affirme que l'équilibre entre sa vie personnelle et professionnelle est primordial pour lui mais continue à travailler tard tous les soirs).

Exemples d'incohérences concernant la relation coach-client :

- *entre le contrat de coaching et la réalité de la situation* (le client et le coach se sont mis d'accord pour se voir une fois par mois, mais le client annule régulièrement les rendez-vous) ;
- *entre deux perceptions* (différence entre la façon dont le client se perçoit et celle dont le coach le perçoit, voir outil 20) ;
- *entre ce que le client dit et la perception du coach* (le coach a l'intuition que son client ne lui dit pas tout ou qu'il déforme la situation qu'il décrit).

2. Confronter le client.

Le coach nomme les incohérences qu'il observe et demande au client ce qu'il en pense grâce à une question ouverte. La confrontation doit être faite avec bienveillance et au moment où l'incohérence est observée par le coach. Il sera plus facile pour le client de l'accepter.

Méthodologie et conseils

Il est important de présenter les éléments de la confrontation avec une grande clarté pour ne pas laisser de place à la confusion ou au déni.

Suite outil 19 →

Avant de vous lancer...

✓ **Avant toute confrontation, vérifiez que vous êtes OK. Dans le cas contraire, reporter la confrontation après rétablissement de votre OKness.**

✓ **Une confrontation est une stratégie d'intervention puissante. Elle ne se pratique que dans une intention positive, permettant au client d'explorer ses modes de fonctionnement et de décider de changer de comportement.**

✓ **Une confrontation sans bienveillance pourrait avoir des conséquences négatives : froisser le client plutôt que l'aider à résoudre ses problèmes, l'inciter à la fermeture ou à la justification plutôt que l'encourager à l'introspection et à l'exploration.**

La confrontation

COMMENT ÊTRE PLUS EFFICACE ?

La confrontation peut être vécue comme une menace par le client et peut générer une perturbation dans sa relation avec le coach. Un certain nombre de règles doivent être respectées par le coach pour que la confrontation soit bénéfique pour le client et lui permette de progresser.

Il doit exister un lien de confiance entre le coach et le client

L'alliance (voir outil 9) entre le coach et son client est primordiale avant une confrontation. Si la confiance n'est pas établie, le client aura tendance à percevoir la confrontation comme un jugement de la part du coach. Le cas échéant, le coach doit choisir les situations sur lesquelles porter la confrontation en fonction de son degré d'alliance avec le client.

Le coach doit faire preuve d'empathie vis-à-vis de son client

La confrontation peut être considérée comme une manifestation d'empathie quand le coach fait preuve de compréhension et de respect vis-à-vis du client, et que ses interventions sont faites avec une grande authenticité.

Le coach doit être conscient des objectifs poursuivis dans la confrontation

Le coach doit identifier clairement les objectifs qu'il poursuit pour son client et décider si la confrontation est la meilleure stratégie pour y arriver. Par ailleurs, il doit suffisamment se connaître pour ne pas utiliser la confrontation pour servir ses objectifs personnels, par exemple pour démontrer sa compétence au client.

Le coach doit éviter les jugements et les interprétations

Dans sa formulation, le coach doit se baser le plus possible sur des faits et éviter les jugements ou interprétations des paroles et gestes du client.

- Exemple de confrontation comportant un jugement : le coach dit à une équipe « Vous ne savez pas collaborer ensemble. Il y a des jeux de pouvoir dans cette équipe. »
- Même confrontation basée sur des faits : « Vous m'avez dit la dernière fois que la collaboration était un point fort de l'équipe. Cependant, je constate depuis notre dernière rencontre que vous n'avez pas avancé sur vos projets en commun. Comment expliquez-vous cela ? »

La première formulation porte un jugement sur l'équipe. La seconde, tout en étant confrontante, l'incite à l'exploration.

Le coach doit se sentir à l'aise pour accueillir les réactions du client

La confrontation peut créer de l'anxiété pour le client. Le coach doit prévoir les réactions possibles de ce dernier (notamment les réactions émotionnelles) et se sentir prêt à les accueillir.

La confrontation ne doit pas être imposée au client

Le client ne doit pas se sentir obligé de reconnaître l'incohérence relevée par le coach. Cependant, le coach peut insister ou poursuivre par des questions ouvertes pour connaître les réactions de son client suite à son intervention. Différentes formules et questions ouvertes peuvent être utilisées :

- « Vous me dites que vous avez un management ouvert et participatif. Mais dans le cas que vous décrivez, j'entends qu'avec votre collaborateur, vous avez été très directif. Comment comprenez-vous cela ? »
- « Je suis surpris que vous me disiez que vous avez des difficultés de concentration au travail depuis quelque temps. Depuis le début de la séance, je vous sens très présent. Comment expliquez-vous cela ? »

Cas d'entreprise

Confrontation de la relation entre le coach et le client

© makc 76 - Fotolia.com

Contexte

Il s'agit d'une cinquième séance de coaching. Le client est un dirigeant d'usine dans les pays de l'Est au sein d'une grande entreprise industrielle française.
Il a annulé une séance de coaching, puis n'a pas donné de nouvelles pendant deux mois.
Finalement, une séance de travail est organisée avec le coach.

Confrontation

Client :
« Je suis désolé de ne pas avoir donné de nouvelles. Mais j'étais très pris par la gestion d'un nouveau projet. »
Coach :
« Lors de la réunion tripartite, vous m'avez dit que le travail de coaching était prioritaire pour vous dans les mois à venir. Par ailleurs, nous étions convenus de nous voir toutes les trois semaines. Je suis très surpris, comment expliquez-vous cela ? »

Dans l'exemple ci-dessus, la confrontation du coach permet de :
- réguler la relation coach-client ;
- lever les malentendus ;
- instaurer des règles de fonctionnement avec le client ;
- profiter de l'occasion pour faire progresser le client dans ses rapports avec ses collaborateurs.

Suite à la confrontation du coach, le client est amené à travailler sur la question suivante : « En quoi ce qu'il vit avec le coach est un reflet de ses comportements avec ses interlocuteurs au sein de l'entreprise ? »
Le client admet qu'il lui arrive d'avoir ce type de comportement, c'est-à-dire de se montrer « inaccessible pendant quelques semaines » lors des périodes de crise. L'échange avec le coach lui permet de mesurer l'impact de ce type de comportement sur ses collaborateurs.
La fermeté du coach et le climat de confiance établi avec le client sont des facteurs clés de succès du développement du client. ■

Outil 20 La méta-communication

> On ne peut pas ne pas communiquer.
>
> **Paul Watzlawick**

En quelques mots

La métacommunication présentée ici est un outil qui a été conceptualisé à partir de différentes approches dont la systémique, la sémantique générale, l'analyse transactionnelle et la programmation neurolinguistique. Cet outil, utilisé aussi bien en coaching individuel qu'en coaching collectif, comprend six étapes qui vont permettre une prise de recul des acteurs et faciliter une meilleure compréhension mutuelle et d'eux-mêmes.

PRENDRE CONSCIENCE DE SON CADRE DE RÉFÉRENCE POUR MIEUX COMMUNIQUER

POURQUOI L'UTILISER ?

Objectifs

› Prendre du recul et analyser ce qui est en train de se vivre, soit pour une personne soit au sein d'un groupe.
› Partager les représentations, les critères, les valeurs et la façon de voir le monde de chacun.
› Résoudre et prévenir les conflits.
› Renforcer la connaissance mutuelle au sein d'une équipe.

Contexte

Cet outil s'utilise en coaching collectif pour résoudre les conflits ou construire une équipe performante.

COMMENT L'UTILISER ?

Pour illustrer cet outil, prenons le cas de deux membres d'une équipe en conflit – un opérationnel et un expert du marketing par exemple – que le coach va diriger vers plus de compréhension mutuelle grâce à l'outil « métacommunication ».

Étapes

1. Mettre en évidence le cadre de référence des protagonistes. Pour cela, chacun va décrire en silence sa « vision » de la situation sur une feuille collée au mur. Les participants devront y expliciter les critères et les valeurs qui animent leurs choix et leurs options et éventuellement les contraintes auxquelles ils répondent. À l'issue de ce travail, le coach invite les deux participants à prendre de la distance par rapport à ce qu'ils viennent d'écrire pour les aider à prendre conscience que ce qui est écrit n'est pas « vrai » dans l'absolu mais traduit leurs cadres de référence. Le coach pourra pour cela s'appuyer sur des outils pédagogiques comme l'image de Bohring, représentant suivant les points de vue une jeune ou une vieille femme.

2. Réaliser que les deux visions sont irréductibles. Reprenant les écrits de chacun, le coach invite les participants, sans débattre, à réaliser que chaque vision est légitime et porte sa propre logique.

3. Écouter sans discuter le cadre de référence de l'autre. Le coach va alors inviter chaque participant à présenter son tableau à l'autre pour permettre à celui qui écoute de comprendre le point de vue de l'autre et à l'accepter comme aussi légitime que le sien.

4. Mettre en place un feedback réciproque des participants. À l'issue des deux présentations, chacun va communiquer ce qu'il comprend des contraintes que vit l'autre, ce qu'il ressent et ce que cela change pour lui d'avoir compris « de l'intérieur » et pour la première fois le cadre de référence de son collègue.

5. Construire une solution commune. Forts de cette nouvelle compréhension et de l'atmosphère constructive née de ce partage, les protagonistes vont commencer à élaborer avec l'aide du coach une solution commune qui va transcender leur vision propre du problème.

Méthodologie et conseils

Cet exercice nécessite un temps de préparation important. Il pourra s'agir d'apports théoriques par le coach sur les notions de cadre de référence, d'inférence ou de Gestalt.

Suite outil 20 →

Avant de vous lancer...

✓ Créer les conditions d'écoute et d'ouverture entre les acteurs.

✓ Insister sur les règles de communication. Par exemple la règle du « je » qui consiste à s'exprimer en son nom, pour permettre et faciliter l'émergence des cadres de références de chacun.

✓ Préparer les acteurs à la frustration de l'exercice qui nécessite beaucoup d'écoute et de parler de soi.

La métacommunication

COMMENT ÊTRE PLUS EFFICACE ?

La métacommunication vise *in fine* à apprendre à parler sur la façon dont on communique plutôt que sur le contenu de ce qui est dit.

Or, le cadre de référence de chacun, notamment la culture à laquelle nous appartenons (notre culture de métier, de service, ou plus largement de langue et de pays, etc.), est constituée de données largement inconscientes, ce qui rend cet exercice extrêmement ardu. Pour tout de même réussir cet exercice indispensable en coaching d'équipe, le coach a à sa disposition une clé très efficace et précieuse : les émotions.

Les émotions comme outil de métacommunication

De façon partielle, la mise en œuvre de la métacommunication passe par l'invitation à chacun des membres d'une équipe à prendre conscience de ses émotions et à pouvoir en rendre compte sans accuser l'autre d'en être responsable.

Ce travail que le coach propose lors de ses interventions dans l'équipe permet à tout moment de « prendre la température » du groupe et de réorienter le déroulement de la séquence de travail en fonction de ce qui émerge, sans toutefois perdre de vue l'objectif initial.

Ce travail est d'autant plus important que l'énergie du groupe est souvent bloquée dans les émotions qui émergent. Il est ainsi important que le coach soit conscient des données suivantes et n'hésite pas à les expliciter aux membres de l'équipe qu'il accompagne :

› Ne pas écouter ses émotions amène souvent les personnes à communiquer en restant dans la méconnaissance de ce qui les anime. Ceci génère dans les groupes des boucles sans fin de malentendus.

› Ne pas apprendre à communiquer sereinement ses émotions conduit à des phénomènes de non-dits dommageables pour l'atmosphère de collaboration entre les personnes, que ces émotions soient positives ou négatives :

- une émotion positive inexprimée est un capital de motivation qui disparaît ;
- une émotion négative réprimée ou méconnue fait courir à l'équipe le risque de conflits larvés.

Ce travail de prise de conscience et d'expression des émotions est enfin source de confort et de cohésion au sein des équipes car il permet à chaque membre du groupe d'accéder en conscience au droit « d'être tel qu'il est ».

Cas d'entreprise

Utilisation de l'image des deux cubes pour comprendre l'importance de la communication

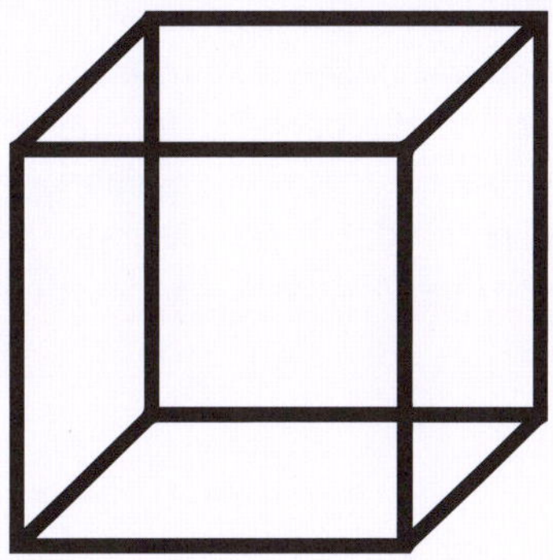

© Birgul – The Noun Project.com

Contexte

Dans le cadre de l'accompagnement de l'équipe de direction d'un groupe agro-industriel, il a été décidé de mettre en œuvre l'exercice de métacommunication pour trouver une solution au conflit ouvert entre le directeur des métiers de l'agriculture et celui du *business development*. Pour amorcer le travail, l'image du cube a été utilisée. Suivant les points de vue, nous pouvons y voir un cube face avant vers le bas ou face avant vers le haut (*cf.* première page de cette fiche).

De cette image, une discussion sur les cadres de référence a pu avoir lieu pour rouvrir le dialogue entre ces deux directeurs.

Résultat

Après une discussion où chacun a pu expliquer pourquoi il voyait un cube différent, les deux directeurs ont pu comprendre l'absolue nécessité de métacommuniquer, d'accepter de se prêter à l'exercice et de coopérer. ■

Outil 21 Les niveaux de changement

> Rien n'est permanent sauf le changement.
>
> **Héraclite d'Ephèse**

En quelques mots

Les niveaux de changement est une grille d'analyse mise au point par Vincent Lenhardt qui permet au coach de mesurer à quel niveau de profondeur se situent les changements à réaliser chez le client pour répondre à sa demande de coaching. Cette grille comprend 7 niveaux. 3 correspondent à des niveaux de changement observables (l'environnement du coaché, sa fonction, ses comportements managériaux) et 4 sont des niveaux « invisibles » (attitudes, structures psychologique et profonde). Suivant le niveau identifié, le coach pourra alors calibrer son intervention.

DÉTECTER LES NIVEAUX DE CHANGEMENT ET AJUSTER SON INTERVENTION

Niveau 5	Niveau 4	Niveau 3	Niveau 2	Niveau 1	Niveau 0	Niveau -1
Dimension spirituelle	Structure profonde	Structure psychologique	Attitudes managériales	Comportements managériaux	Fonction du coaché	Environnement du coaché
Développement spirituel Relation avec Dieu	La partie inconditionnellement positive qui existe en tout homme	Système de défense L'inconscient L'enfance et les émotions passées	Croyances Valeurs Systèmes de représentation	Style de management Communication Capacités relationnelles	Fonction Contenu de la mission Niveau de responsabilité	Stratégie d'entreprise Structure organisationnelle Système
Ministres religieux	Coach Thérapeute	Thérapeute	Coach	Coach Formateur	Consultant Coach	Consultant

POURQUOI L'UTILISER ?

Objectifs

› Faire un diagnostic du niveau de profondeur des changements à réaliser par le coaché pour atteindre ses objectifs.

› Structurer son intervention. Suivant les cas, il pourra intervenir lui-même ou orienter son client vers un autre spécialiste, un thérapeute par exemple.

› Analyser *a posteriori* ses interventions et pouvoir en rendre compte, notamment lors de son travail de supervision.

Contexte

Cet outil s'utilise en coaching individuel ou collectif.

COMMENT L'UTILISER ?

Étapes

1. **Diagnostiquer à quel niveau de changement correspond la demande du client**.

Il sera :

• **De niveau - 1**, s'il correspond à des changements dans l'environnement du client.

Exemples : approfondir sa réflexion stratégique, modifier les structures dont il a la charge, mettre en place de nouveaux systèmes…

• **De niveau 0**, si c'est un travail relatif à la clarification ou au changement de poste de la personne accompagnée.

• **De niveau 1**, s'il consiste à améliorer les comportements managériaux du client.

Exemples : améliorer son écoute, sa communication, sa capacité à utiliser des modes managériaux différents…

• **De niveau 2**, s'il correspond à des changements d'attitudes. Il consiste à remettre en cause un ensemble d'éléments plus profonds pour le client, parmi lesquels ses croyances, ses valeurs et surtout ses systèmes de représentation qui conditionnent tous ses actes de management.

• **De niveau 3**, s'il correspond à des changements au niveau de la structure psychologique du client. Il s'agit là d'éléments à traiter en thérapie et non en coaching.

• **De niveaux 4 et 5**, qui sont les niveaux appelés par Vincent Lenhardt le « prince ». Ces niveaux correspondent au développement de la partie inconditionnellement positive qui existe en tout un chacun.

2. **Faire le choix de l'intervention.**

Suivant le niveau de changement identifié, le coach va choisir d'intervenir ou d'orienter le client vers un spécialiste du niveau correspondant à la demande.

Méthodologie et conseils

Ce sont généralement les consultants en stratégie et/ou en organisation qui prennent en charge les interventions nécessitant des changements de niveau - 1. Les formateurs sont fréquemment sollicités pour une intervention sur le niveau 1. Les coachs sont à même d'intervenir sur les niveaux suivants : 0, 1, 2 et 4.

Le niveau 3 est traité par les thérapeutes et non par les coachs. Par ailleurs, pour des questions pratiques et déontologiques, il n'est pas approprié de faire de l'entreprise un lieu thérapeutique. ■

Avant de vous lancer…

✓ Avoir cet outil à l'esprit pour, d'une part, intervenir en conscience et au bon niveau, et d'autre part éviter toute incursion en zone 3 réservée à la thérapie.

✓ Le cas échéant, orienter le client vers un autre spécialiste, en prenant le temps d'en expliquer les raisons.

Outil 22 La prescription de tâches

> *Il n'y a pas de chemin, le chemin se fait en marchant.*
>
> **Antonio Machado**

En quelques mots

La prescription de tâches est une action proposée par le coach, que le client doit réaliser entre deux séances. Cette action est clairement définie et limitée dans le temps. Elle permet de créer un terrain de jeu dans lequel le client peut expérimenter de nouveaux comportements et débloquer des situations problématiques. Les différents types de prescription de tâches sont l'observation, la projection, le comportement, et les prescriptions dites paradoxales.
La prescription peut être une intervention délicate à mener car elle peut créer des déséquilibres dans les relations du client avec son environnement. Dans ce sens, il est nécessaire d'y adjoindre les protections adéquates (voir outil 16).

FAVORISER LE CHANGEMENT CHEZ LE CLIENT ENTRE DEUX SÉANCES DE COACHING

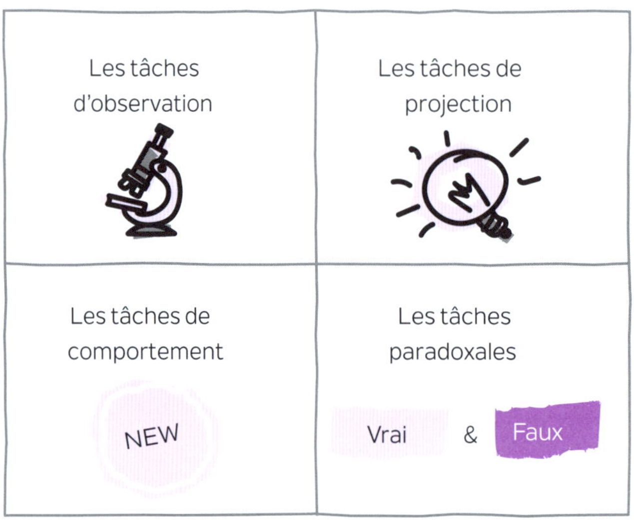

Prescription de tâches

POURQUOI L'UTILISER ?

Objectifs

› Favoriser le changement chez le client en le mettant en action.

› Provoquer des prises de conscience chez le client, dont modifier un processus mental, encourager la découverte d'un nouveau comportement, détourner l'attention du client d'une situation de blocage.

Contexte

Cet outil est pertinent en coaching individuel et s'intègre entièrement dans la stratégie d'accompagnement du coach.

COMMENT L'UTILISER ?

Étapes

1. **Le coach accompagne le client** avant la prescription de tâches dans la clarification de ses problèmes et la formulation de ses objectifs (voir outil 5). Puis il explore ce que le client a déjà fait pour trouver une solution.

2. **Le coach propose de donner une tâche au client** et lui demande s'il est prêt à s'engager dans sa réalisation. Puis il donne la description de la tâche sans en préciser les motifs.

- **Les tâches d'observation** ont pour objectif d'amener le client à collecter des informations sur des situations en lien avec ses problèmes. Ces tâches encouragent le client à observer et à prendre conscience des choses qu'il ne remarque pas habituellement.
Exemple : « La prochaine fois, observez la situation qui déclenche vos colères ».
- **Les tâches de projection** ont pour objectif d'augmenter la motivation du client dans la mise en œuvre des changements. Il s'agit d'amener le client à visualiser une situation souhaitée avec précision.
Exemple : Tous les matins, le client visualise son avenir rêvé et note ses pensées.
- **Les tâches de comportement** ouvrent le champ des possibles en lui proposant de mettre en œuvre un nouveau comportement. Le plus souvent, ces tâches ont pour objectif d'encourager le client à se dépasser.
Exemple : dire non à quelqu'un dans un contexte sans enjeu.
- **Les tâches paradoxales** ou la prescription de symptômes amènent le client à faire volontairement ce qu'il souhaite arrêter. Elles ont pour objectif d'arrêter les tentatives de solutions répétitives et non abouties du client. Prescrire le symptôme à bon escient est une intervention délicate et nécessite une connaissance approfondie de l'approche systémique.
Exemple : « Vous allez vous stresser avant votre présentation » ou « Vous allez vous excuser d'avance de votre stress. », « Allez en rendez-vous clientèle pour ne pas vendre des missions. ».

Méthodologie et conseils

La tâche prescrite doit être considérée comme une expérience dans un cadre d'apprentissage.
Pour ce faire, elle :
- représente un réel challenge et un vrai dépassement pour le client ;
- doit avoir une durée limitée ;
- doit être acceptable pour le client ;
- s'appuie sur le cadre de référence du client. ■

Avant de vous lancer...

✓ La prescription de tâches permet de faire travailler le client entre les séances et de lui faire expérimenter de nouveaux comportements qui peuvent servir de points d'ancrage dans les situations futures.

✓ Proposer une tâche, c'est encourager le client à prendre un risque. Par conséquent, veillez à donner des permissions et des protections pertinentes pour accompagner le client dans la mise en œuvre des tâches prescrites (voir outil 16).

Outil

23 Le recadrage

« C'est au « Mental Research Institute » de Palo Alto que l'outil recadrage a été conceptualisé comme outil majeur de changement. »

En quelques mots

Le recadrage est un mode d'intervention qui vise à générer un changement de regard du client sur sa situation. Sous ce nouvel angle de vue, ce qui était perçu comme une difficulté devient une ressource utile. Il peut s'agir d'un recadrage **de point de vue** (les angles de perception et la position du point de vue du client sont modifiés), **de sens** (à partir des mêmes faits, de nouvelles interprétations de la situation sont perçues par le client), **de comportement** (le client comprend l'aspect positif du comportement qui lui posait problème) ou encore d'un **recadrage par parties** (voir outil 24).

COMMENT CRÉE-T-ON NOTRE RÉALITÉ ?

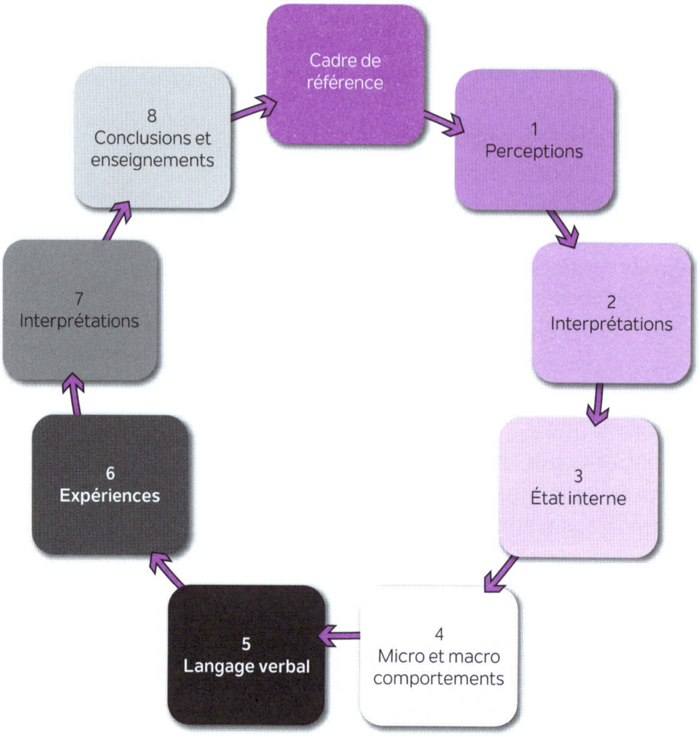

POURQUOI L'UTILISER ?

Objectifs

› Redonner au client la liberté d'action et de choix.
› Permettre au client d'élargir sa représentation du monde et d'augmenter ses options d'action.

Contexte

Le recadrage s'utilise essentiellement en coaching individuel dans des situations de fort blocage ou du moins dans lesquelles le client pense être allé au bout de toutes ses solutions.

COMMENT L'UTILISER ?

Étapes

1. Écouter et questionner pour comprendre et s'imprégner du cadre de référence du client.
2. Repérer sur le schéma ci-contre à quel niveau se construit le problème.
S'il s'agit d'un problème de perception (étape 1), conduire un recadrage de point de vue ; si le problème concerne une interprétation trop limitante de sa propre situation (étapes 2, 5, 7 et 8), mener un recadrage de sens et enfin si la difficulté provient d'un comportement mal vécu (étape 4), initier un recadrage de comportement.
3. Conduire un recadrage de point de vue : expliquer en quoi la façon dont nous envisageons la réalité influe sur ce que nous pouvons en percevoir et inciter le client à changer d'angle de vue pour avoir accès aux côtés positifs de la situation.
Exemple :
Un directeur persuadé de l'incompétence de son assistante n'observera que les preuves de son incompétence et sera fermé à ses qualités. Par un recadrage de point de vue, le directeur se « forcera » à voir aussi ses qualités.
4. Conduire un recadrage de sens : proposer une interprétation de la situation autre que celle du client.
Exemple :
Deux tailleurs de pierre discutent. L'un dit « Je taille ma pierre chaque jour » ; l'autre de répondre « Nous construisons une cathédrale ».
5. Conduire un recadrage de comportement : chercher et faire découvrir au client la fonction utile du comportement qu'il jugeait gênant.
Exemple :
Un conflit peut être considéré comme un moyen de rester en lien.

Méthodologie et conseils

La réussite d'un recadrage nécessite deux prérequis majeurs. Le premier est la qualité d'alliance entre le coaché et le client (voir outil 9) qui facilitera l'acceptation par ce dernier du nouveau point de vue proposé par le coach. Le second est l'attention du coach à l'écologie du changement : le coach doit en effet s'assurer que le changement sera bien compatible avec l'environnement du client (sa société, sa culture d'entreprise...). ■

Avant de vous lancer...

✓ **Le recadrage est un outil très efficace et très respectueux des personnes. Il permet en effet un changement significatif sans avoir recours à des interprétations sur la personne. Par conséquent, veillez à utiliser cet outil sans vouloir imposer votre point de vue.**

✓ **S'assurer du niveau d'alliance et du niveau de frustration vécu par le client.
Un recadrage qui arriverait trop tôt pourrait en effet générer de l'incompréhension ou du rejet.**

Outil 24 Le recadrage de parties

> Qui suis-je ?
> Et si je suis, combien ?
>
> **Richard David Precht**

En quelques mots

Le recadrage de parties est un modèle d'intervention issu de la PNL. Il vise à aider le coaché à se défaire de comportements insatisfaisants. Le point central de cet outil est de mettre au jour la partie de soi à l'origine de ces comportements et de comprendre à quelle intention positive ils correspondent. De nouvelles options d'action qui satisfont cette partie de soi sont alors proposées par le coach.

ÉCOUTER LES DIFFÉRENTES PARTIES DE SOI POUR RETROUVER SA LIBERTÉ D'ACTION

POURQUOI L'UTILISER ?

Objectifs

› Libérer la personne accompagnée de comportements insatisfaisants, c'est-à-dire qui bloquent son action et son développement.

› Sortir le coaché de conflits internes résultant de la lutte entre ses désirs de changement et la partie de lui-même qui apparemment résiste.

Contexte

Le recadrage de parties s'utilise exclusivement en coaching individuel dans des situations dans lesquelles le coaché se vit comme déchiré par des désirs contradictoires.

COMMENT L'UTILISER ?

Étapes

1. Identifier le comportement à changer.
Spécifier aussi précisément que possible le comportement en question en s'attachant à le dissocier de la personne.

2. Établir le contact avec la partie responsable du comportement.
Le coach demande au coaché de « laisser venir à lui un signal » (sensation, voix, son, image, mouvement ou toute manifestation de son corps qui puisse être perçue comme ayant un rapport logique ou intuitif avec cette partie). Puis, le coach demande à la partie si elle est d'accord pour communiquer avec le coaché à un niveau conscient.
En cas d'accord de la partie, le coach demande à cette dernière d'intensifier les signaux envoyés. Dans le cas contraire, il est demandé à la partie de diminuer l'intensité des signaux.

3. Distinguer le comportement problématique de l'intention positive sous-jacente et vérifier l'adhésion du coaché.
Le coach demande au coaché de remercier la partie « responsable » d'avoir accepté de communiquer avec lui et demande explicitement à cette dernière d'expliquer le sens dudit comportement.

4. Créer des comportements alternatifs.
Le coach invite le coaché à entrer en contact avec une autre partie, dite « partie créative » et lui demande de lui fournir des solutions alternatives pour satisfaire l'intention positive.

5. Mettre en application des nouvelles options.
Le coach invite le coaché à vérifier si la partie « responsable » considère pertinentes et acceptables les solutions proposées par la « partie créative » et si elle est d'accord pour mettre en œuvre ces solutions.

6. Vérifier l'écologie.
Le coaché demande explicitement si l'une de ses parties a une objection au changement proposé. Dans l'affirmative, le coach invite le coaché à l'identifier et à refaire le processus avec cette partie. Le coach boucle alors le recadrage en proposant au coaché de se projeter dans l'avenir et de s'imaginer mettant en œuvre les nouveaux comportements.

Méthodologie et conseils

La réussite d'un recadrage de parties nécessite de prendre un temps suffisant pour que le coaché s'habitue à l'idée que nous sommes constitués d'une constellation de parties. ■

Avant de vous lancer...

✓ Avoir conscience de ses propres « êtres multiples », et des intentions positives des parties de soi.

✓ Avoir vécu soi-même le processus de recadrage des parties plusieurs fois.

✓ En tant que coach, prendre son temps à chacune des étapes. C'est le coaché, par ses réponses, qui rythme l'ensemble du processus.

Outil 25 La résolution de problèmes par le modèle systémique

> *Tout thérapeute est un détective. Toute thérapie réussie est une enquête menée à une conclusion féconde.*
>
> **Paul Watzlawick**

En quelques mots

La résolution de problèmes par l'approche systémique est un outil particulièrement adapté aux cas de clients qui ont un problème récurrent dans leurs interactions avec les autres. Après avoir clarifié le problème, le coach aide le client à explorer l'ensemble des solutions qu'il a tenté de mettre en œuvre sans succès. Pour détecter le blocage de son client, le coach analyse comment ce dernier fait perdurer son problème. Il détermine ainsi le facteur commun entre toutes les tentatives de solutions identifiées. Enfin, il propose au client un comportement à l'opposé de ce qui a été mis en œuvre jusqu'à présent.

TROUVER LE DÉNOMINATEUR COMMUN DE CE QUI NE FONCTIONNE PAS DANS L'ENSEMBLE DES SOLUTIONS

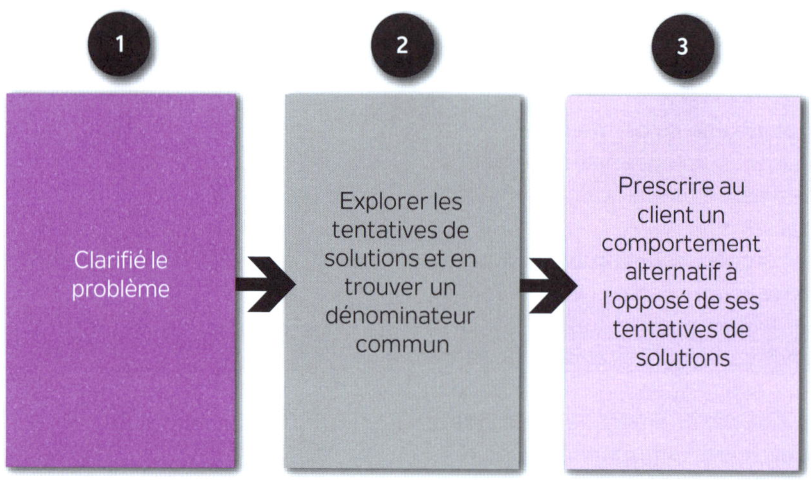

POURQUOI L'UTILISER ?

Objectif

› Aider le client à sortir d'un blocage ou à résoudre ses problèmes récurrents.

Contexte

Cet outil est particulièrement pertinent en coaching individuel lorsque le client a un problème récurrent d'ordre relationnel.

COMMENT L'UTILISER ?

Étapes

1. Clarifier le problème.

Pour aider le client à clarifier son problème, le coach pose les questions suivantes : « Quel est le problème ? En quoi est-ce un problème pour vous ? Pourquoi faut-il résoudre ce problème ? Et pourquoi maintenant ? Quel est l'enchaînement précis des faits ou comportements qui constituent le problème ? Notamment qui fait quoi ? Comment ? Et à qui ? »

2. Explorer les tentatives de solutions et en trouver le dénominateur commun.

Dans cette étape, le coach aide le client à lister l'ensemble des solutions qu'il a mises en œuvre à ce jour. Ensuite, le coach analyse comment le client s'y prend pour ne pas résoudre son problème : il cherche à mettre en évidence le facteur commun de toutes les tentatives de solutions non réussies de son client.

3. Prescription de tâches.

Le coach propose au client un comportement alternatif et/ou une solution à l'opposé de l'ensemble des tentatives de solutions.

Description succincte d'une situation :

- **Contexte.** Le client est un chef de projet informatique qui a un rôle de manager fonctionnel (non hiérarchique) avec les experts intervenants sur ce projet.
- **Son problème.** Avec un expert, le client a des difficultés à obtenir des informations : « Plus je demande et moins j'ai des informations. J'ai l'impression que le projet n'avance pas. Soit il n'a pas le temps, soit il annule les rendez-vous à la dernière minute… »
- **Ses tentatives de solutions.** Appeler les experts de plus en plus fréquemment, instaurer des réunions de travail rapprochées et travailler avec eux, demander à son adjoint de suivre l'avancement des travaux, appeler des experts externes sur les mêmes sujets, puis en dernier lieu en parler au manager hiérarchique de l'expert.
- **L'analyse du coach.** L'expert joue à « attrape-moi si tu peux ». Dans toutes les solutions testées, le client a cherché à contrôler l'expert de plus en plus.
- **La prescription de tâches par le coach.** Lors d'une rencontre officieuse, le client dit à l'expert : « J'ai compris que tu as besoin d'espace sur ta partie du projet et je ne t'importunerai plus par mes demandes constantes. ». Plus tard, ils instaurent les règles du jeu concernant le *reporting* sur le projet.

Méthodologie et conseils

Pour les praticiens de l'approche systémique, ce sont les tentatives de solutions qui maintiennent le problème. Le point clé de cet outil est d'amener le client à comprendre que les solutions qu'il a mises en œuvre étaient de même nature : il a persisté à faire plus de la même chose. ■

Avant de vous lancer…

✓ S'efforcer de sortir de toute réflexion « déterministe » en se centrant sur ce que le client « fait » et non sur le « pourquoi » il le fait.

✓ Rester donc centré sur l'inventaire de ses tentatives de solutions.

Outil 26 Les 4 zones de l'identité

> Celui qui dispose d'une cohérence entre les quatre composantes de son identité est professionnellement heureux.
>
> **François Delivré**

En quelques mots

Les 4 zones de l'identité sont à la fois une grille d'analyse et un outil d'intervention créé par Vincent Lenhardt. Il s'agit d'une modélisation de l'identité d'une personne à travers 4 éléments : la reconnaissance qu'elle se donne (la vision que la personne a d'elle-même), son statut (ses diplômes, sa carte de visite…), la reconnaissance qu'elle obtient de l'extérieur et ses référents (constitués des figures importantes pour la personne, de ses valeurs…).

Cet outil permet au coach de poser un diagnostic sur les composantes nécessitant d'être renforcées et d'agir en conséquence.

OUTIL DE DIAGNOSTIC IDENTITAIRE

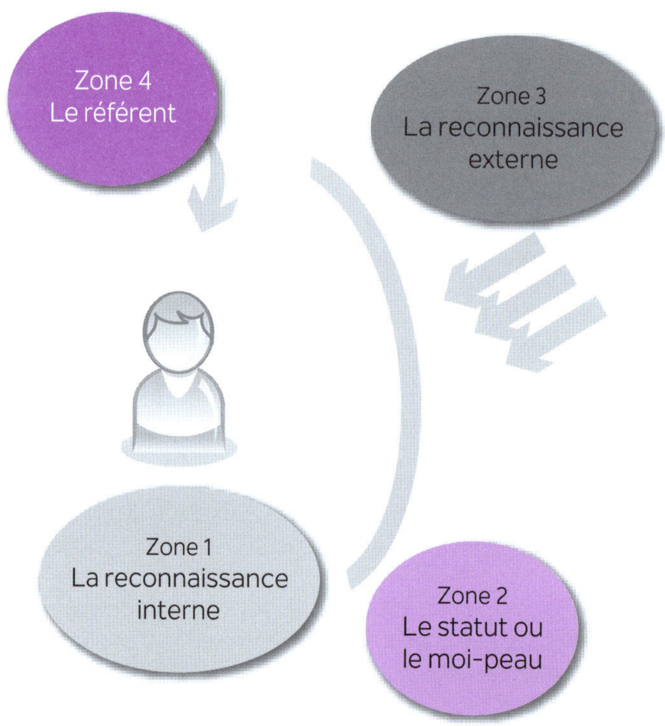

POURQUOI L'UTILISER ?

Objectifs

› Diagnostiquer les difficultés opérationnelles ou relationnelles du coaché et les traduire en termes d'identité.
› Repérer la zone défaillante.
› Renforcer cette zone en s'assurant de sa cohérence avec les autres.

Contexte

Cet outil est particulièrement opérant dans le cadre de coachings individuels s'inscrivant dans la durée. Il convient assez peu aux situations de crise.

COMMENT L'UTILISER ?

Étapes

1. Questionner le client pour identifier la zone défaillante.

Les problèmes identitaires du client proviennent le plus souvent d'un manque sur l'une des 4 zones suivantes :

- Au niveau de la reconnaissance interne de la personne, c'est-à-dire sa confiance en elle et la vision qu'elle a d'elle-même, notamment sur sa propre compétence et ses capacités.
- Son statut ou « moi-peau » (concept de Didier Anzieu) défini par toutes les représentations externes de l'identité de la personne : ses diplômes, ses cartes de visite, ses locaux professionnels...
- Sa reconnaissance externe définie par la reconnaissance de l'environnement sur les 3 autres zones : son statut, ses référents et son estime d'elle-même.
- Ses référents internes qui constituent des appuis forts : représentation du monde, convictions personnelles, valeurs profondes, personnes ou figures importantes.

Il s'agit dans cette étape d'identifier la zone défaillante par le questionnement. Voici des exemples de questions :

- « Vous sentez-vous compétent à ce poste ? Pensez-vous être légitime ? » (zone 1)
- « Vous sentez-vous en parité avec vos collègues pour ce qui concerne votre formation ? » (zone 2)
- « Êtes-vous satisfait de la reconnaissance de vos pairs, collaborateurs et hiérarchiques ? » (zone 3)
- « Lorsque vous réussissez quelque chose qui est très important pour vous, à qui voulez-vous en parler ? » (zone 4)

2. Agir sur la zone défaillante.

Le travail du coach portera essentiellement sur le renforcement de la zone déficitaire en veillant à la cohérence entre toutes les zones. Voici quelques exemples de techniques fréquemment utilisées par des coachs :

- Renvoyer un renforcement positif (voir outil 17) au client (zone 1).
- Travailler avec le client sur son image et/ou son statut (zone 2).
- Encourager le client à solliciter des feedbacks de la part de ses pairs et/ou de son environnement (zone 3).
- Mener une réflexion sur les valeurs et les ressources profondes du client (zone 4).

3. Acter et mesurer les résultats.

Méthodologie et conseils

Les zones 1, 2 et 3 sont généralement les plus fragiles, c'est la zone 4 (les référents) qui permet de maintenir l'équilibre de la personne lorsque les trois autres font défaut momentanément ou durablement.

Suite outil 26 →

Avant de vous lancer...

✓ Faire l'exercice de la page suivante !

✓ Prévoir un temps d'accompagnement suffisant pour permettre une bonne intégration de votre intervention.

Suite outil 26

Les 4 zones de l'identité

COMMENT ÊTRE PLUS EFFICACE ?

Cet outil est également très utile dans l'accompagnement d'une personne en reconversion professionnelle. En effet, l'exploration au travers de questions spécifiques des 4 zones de l'identité permet à la personne accompagnée d'identifier les points qu'elle aura à renforcer ou à développer pour son futur métier. Le cas des coachs en formation est une illustration intéressante de son usage. Ces derniers viennent en effet presque toujours à ce métier après une première vie professionnelle plus opérationnelle. Leur moyenne d'âge de 40 ans en atteste d'ailleurs. Les questions permettant l'exploration des 4 zones de l'identité sont les suivantes.

Les questions relatives à l'identité interne (zone 1)

› Pourquoi ai-je envie d'exercer ce métier ?
› En quoi est-ce que je me sens légitime dans ce nouveau métier ?
› Quelle sera ma spécificité de coach ?
› Quels sont mes talents qui me poussent à penser que je peux réussir dans ce métier ?

Les questions relatives au statut (zone 2)

› Comment me suis-je formé ? Dans une école, une université, un institut ?
› Quelle valeur est-ce que j'accorde à mon diplôme ou à mon certificat ? Est-il reconnu sur le marché ?
› Est-ce que je compte appartenir à un réseau ou à une fédération ?
› Ai-je un superviseur ?
› Ai-je effectué un travail thérapeutique suffisant pour repérer les zones d'ombre qui pourraient me poser problème dans mon métier de coach ?
› Quelles sont selon moi les compétences dont un coach a besoin pour exercer son métier (savoir, savoir-faire…) ?
› Quel statut de coach est-ce que j'envisage ? Indépendant, salarié d'un cabinet, association avec d'autres coachs ?

Les questions relatives à la reconnaissance externe (zone 3)

› Ai-je identifié une cible client ? Ai-je des clients potentiels en vue ?
› Suis-je encouragé dans ma démarche par mon entourage ? Reconnaissent-ils mes capacités à exercer ce métier ?
› Comment est-ce que je compte m'y prendre pour me faire reconnaître des prescripteurs de coaching et des professionnels du métier ?

Les questions relatives aux référents (zone 4)

› Quels sont mes modèles dans le métier ?
› Au-delà de toute considération de compétences, d'où est-ce que je tire ma légitimité ?
› Vérifier la cohérence des zones qui constituent l'identité des personnes accompagnées permet de construire des projets durables et écologiques pour elles.

Exercice

Vérifier la stabilité de son identité de coach professionnel

> **Se présenter en 10 minutes, 5 minutes et 1 minute : à partir des questions de la page précédente, préparer un pitch présentant les 4 dimensions de votre identité professionnelle. Il va s'agir de faire des choix afin que chacune de ces 3 présentations aient la même puissance et le même impact.**

> **Cet exercice est un excellent entraînement pour tous les coachs qui auront à se présenter à un client. Ils devront en effet ajuster leur présentation au temps disponible pour le client.**

1. Ma présentation en 10 minutes :

2. Ma présentation en 5 minutes :

3. Ma présentation en 1 minute :

Outil

27 La grille OSBD

> “
> *Les mots sont des fenêtres (ou bien ce sont des murs).*
> **Marshall Rosenberg**

En quelques mots

La grille OSBD est l'outil central de la communication non violente, mise au point par Marshall Rosenberg. Utilisée en coaching individuel, elle permet aux clients ayant des difficultés relationnelles d'apprendre un mode de communication assertif et générateur de plus de compréhension entre les protagonistes. Une fois intégrée par le client, la grille OSBD devient alors l'outil privilégié et quotidien de communication et de traitement des conflits. OSBD est l'acronyme de 4 niveaux logiques qu'il convient de « démêler » pour créer une communication de qualité : Observation, Sentiment, Besoin et Demande.

UNE COMMUNICATION BIENVEILLANTE QUI OUVRE SUR LA COOPÉRATION

Observation	Énoncer des observations et des faits liés à une situation donnée, que nous distinguons de nos jugements et de nos évaluations.
Sentiment	Exprimer nos sentiments sur une situation spécifique et les différencier de nos interprétations et de nos jugements.
Besoins	Découvrir et exprimer nos besoins profonds (aspirations, motivations…) liés à la situation.
Demandes	Présenter nos demandes de façon positive, concrète et ouverte.

POURQUOI L'UTILISER ?

Objectifs

› Permettre au client d'être au clair avec lui-même : ses sentiments, ses besoins, ce qu'il attend des autres dans la situation conflictuelle qu'il vit.
› Apprendre à s'exprimer dans le respect d'autrui et de ses besoins propres.
› Instaurer un dialogue fluide avec soi-même et avec les autres.

Contexte

Cet outil s'utilise en coaching individuel, avec un client en situation de conflit avec son entourage ou simplement pour développer son assertivité.

COMMENT L'UTILISER ?

Étapes

Prenons le cas d'un client en conflit avec un membre de son entourage professionnel et souhaitant préparer avec son coach sa prochaine entrevue avec lui.

1. Description de la situation.
Le coach invite le client à décrire avec ses propres mots sa vision de la situation, du problème et ce qu'il voudrait dire à son collaborateur lors de leur prochain rendez-vous.

2. Observation.
Le coach demande alors au client de lui décrire précisément et factuellement ce qui est à l'origine du problème. Le coach veillera ici à ce que le client énonce bien des actions et non des jugements. Par exemple, il veillera à faire exprimer au client : « Hier, il est arrivé à 9 h 15 alors que nous étions convenus ensemble de démarrer notre réunion à 8 h 30. » plutôt que « Il est encore et toujours en retard. ».

3. Sentiment.
Le coach va alors aider le client à exprimer l'émotion qu'il a ressentie à la suite de ces faits. Le rôle du coach sera de nouveau d'éviter que des jugements viennent remplacer l'expression des sentiments. Par exemple, il fera reformuler tous les jugements du type « J'ai senti qu'il se moquait de moi et de mon autorité » par « Je me suis senti en colère ».

4. Besoin.
Le client va alors nommer le besoin insatisfait chez lui à l'origine de son sentiment. Le client pourrait par exemple exprimer : « Je me suis senti en colère car j'ai besoin de respect pour l'usage que je fais de mon temps et j'ai besoin de sécurité dans l'organisation de notre travail, donc d'être rassuré sur le fait que je peux compter sur toi comme prévu. ».

5. Demande.
Pour pouvoir satisfaire ses besoins, le client va devoir exprimer une demande qui doit être concrète, positive, réalisable et, dans le cas d'une relation managériale, instaurer un référentiel pour vérifier qu'elle est bien prise en compte. Dans notre exemple, la demande pourrait être : « Je te demande d'arriver à l'heure à notre réunion de demain et/ou de me prévenir si tu as un contretemps. ».

Méthodologie et conseils

Si nécessaire, le coach peut aider le client en lui remettant des listes d'émotions et de besoins pour éviter que son manque de vocabulaire émotionnel ne génère de trop grandes frustrations.

Suite outil 27 →

Avant de vous lancer...

✓ Se former à la communication non violente.

✓ La communication non violente est souvent la première ouverture des entreprises à l'intelligence émotionnelle. Son introduction nécessite donc la plus grande précaution. Ne pas hésiter à prendre le temps nécessaire avec les clients pour les encourager à chacune des étapes.

La grille OSBD

COMMENT ÊTRE PLUS EFFICACE ?

L'outil OSBD est dans un premier temps utilisé et compris par le client comme étant un outil à son seul service. Grâce à lui, il se comprend mieux et communique mieux avec son entourage. Rapidement, un avantage plus profond apparaît et donne une tout autre dimension au client.
En effet, en s'exerçant avec l'aide de son coach à l'outil OSBD, le client va développer ses qualités d'empathie et réussir à déployer OSBD *pour les autres*. Cela va donner une tout autre dimension à son management et contribuer au développement rapide et durable de son équipe.

Derrière OSBD : le développement de l'empathie

Une meilleure connaissance de soi et des 4 niveaux logiques de l'outil OSBD va développer chez le coaché ses qualités relationnelles dont le pivot sera essentiellement sa capacité d'empathie.
Dans ce cadre, on peut définir l'empathie comme la présence portée à ce que nous vivons et à ce que l'autre vit.
La personne peut ainsi se relier aux sentiments et aux besoins de son interlocuteur en suivant 4 étapes :

- Ne rien faire, être là, avoir confiance dans le fait que l'autre a toutes les capacités de trouver sa solution.
- Porter son attention sur les sentiments et les besoins de l'autre.
- Refléter les sentiments et les besoins de l'autre.
- Constater un relâchement de la tension, voire une détente physique chez l'autre, souvent manifesté par un sourire.

L'empathie consiste ainsi à rester en contact avec les sentiments et les besoins de l'autre, c'est-à-dire :

› Tenter de se rapprocher le plus possible de ce que l'autre sent en mettant en mots ses sentiments et ses besoins.
› Inviter l'interlocuteur à rester dans l'écoute et l'exploration de ses sentiments et besoins plutôt qu'à remonter dans son intellect.

Derrière l'empathie : le développement du manager et des équipes

L'empathie permet ainsi de transformer le coaché en le faisant passer d'une posture de « manager donneur d'ordre » à « manager-coach ».
Grâce à ce changement identitaire, le manager pourra se positionner en « ressource » et favoriser le développement et la performance de son équipe.

Exercice

Fait ou interprétation

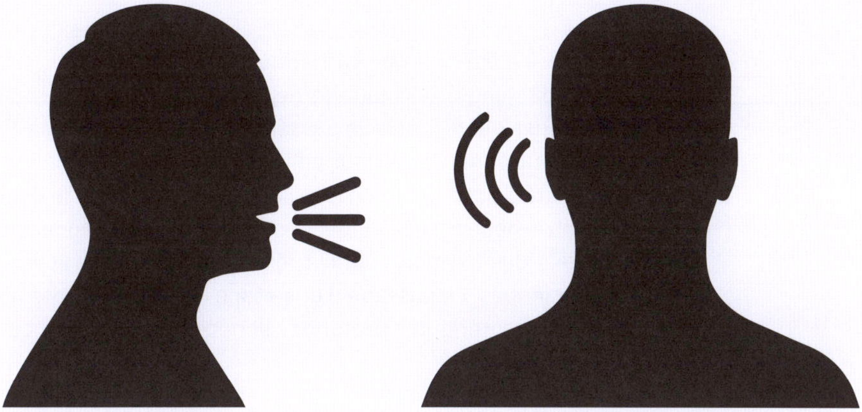

© eveleenoo7_Fotolia.com

1. Elle a rougi lorsque je lui ai fait un compliment.
2. Il est très absorbé par ce qu'il fait.
3. Il me regarde d'un air froid.
4. Pendant quelques secondes, ses yeux m'ont fixé sans un seul clignement de paupières.
5. Depuis trois semaines, Thierry agresse tout le monde.
6. Il me dit qu'il se réjouit de ce projet.
7. Elle est vraiment confuse sur la question.
8. Son sourire joyeux exprime un grand bonheur.
9. Pendant qu'il nous a parlé de son divorce, sa voix était toute tremblante.
10. Il est fâché contre moi.
11. Trois personnes sur le projet pensent que l'entreprise va couler.
12. Elle marche avec confiance et détermination.

› **Réponse :** les phrases 1, 4, 6, 9 et 11 sont des faits. Les autres phrases sont des interprétations, opinions ou jugements.

Outil 28 Les degrés d'autonomie

> “ *L'autonomie est l'expression de trois capacités : la conscience claire, la spontanéité et l'intimité.*
>
> **Éric Berne**

En quelques mots

Les degrés d'autonomie est un outil issu de l'analyse transactionnelle. Il a été créé par Katherine Symor puis très largement adapté au coaching et au management par Vincent Lenhardt. Il décrit les 4 stades par lesquels va passer une personne dans sa relation avec une autre (son supérieur par exemple) pour fonctionner à un haut « degré d'autonomie » avec elle. Ces 4 stades sont la **dépendance**, la **contre-dépendance**, l'**indépendance** et l'**interdépendance**. Chacun de ces stades comporte pour la personne des besoins et des contraintes spécifiques. Le passage d'une étape à l'autre suppose des transformations intérieures profondes et nécessite des renoncements.

LES ÉTAPES DE CROISSANCE VERS L'AUTONOMIE

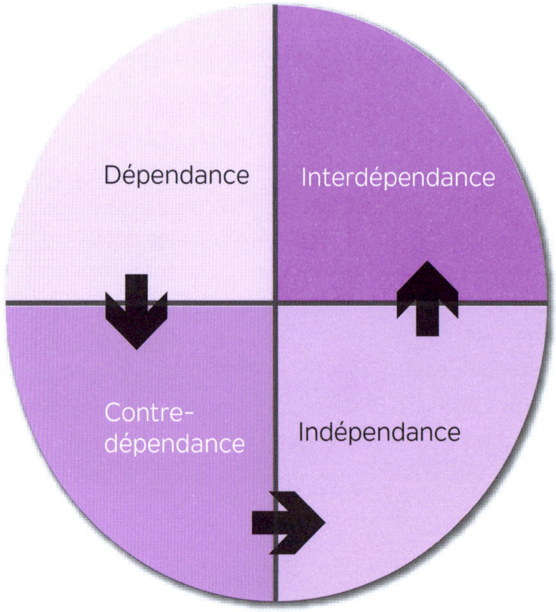

POURQUOI L'UTILISER ?

Objectifs

Pour le client :

› Comprendre les besoins de ses collaborateurs et ajuster sa posture managériale pour accompagner au mieux leur développement.

› Identifier ses propres besoins et analyser sa relation avec son hiérarchique.

Pour le coach :

› Analyser sa relation avec son client et ajuster au mieux sa posture pour l'accompagner dans sa montée en puissance.

Contexte

Cet outil peut être utilisé en coaching individuel. En cas de besoin, le coach peut présenter le modèle à son client puis l'accompagner dans le diagnostic de son équipe et l'identification des actions à mettre en œuvre.

COMMENT L'UTILISER ?

Étapes

Ce modèle décrit les 4 stades que va vivre une personne dans sa relation avec une autre (son hiérarchique, son entourage...).

1. La dépendance.

La personne est dépendante de l'autre et se trouve en état de soumission. Dans sa version positive, il s'agit par exemple d'une personne qui prend un nouveau poste et qui ne dispose pas encore des informations nécessaires pour avoir un avis propre ou prendre seule ses décisions. C'est une étape normale qui pourrait devenir négative si elle perdurait.

2. La contre-dépendance.

C'est l'état d'une personne qui a besoin de la parole de l'autre pour construire la sienne. Cette construction se fait par opposition :

- **aspect positif :** la personne commence un processus de séparation ;
- **aspect négatif :** si la personne s'enferme dans cette opposition « confortable », elle rend l'autre responsable et a tendance à accuser et à se rebeller.

3. L'indépendance.

La personne a bien intégré son poste et n'est plus conditionnée par ceux qui l'ont accompagnée jusqu'à maintenant :

- **aspect positif :** la personne se sent compétente et peut se prendre en charge elle-même ;
- **aspect négatif :** la personne ayant pris goût à son indépendance a tendance à se centrer sur elle-même et à se considérer au-dessus des lois du groupe.

4. L'interdépendance.

La personne est à la fois en mesure de se débrouiller seule et d'être soumise à une autorité :

- **aspect positif :** la personne dans ce stade peut progressivement renoncer à son propre rythme pour gagner en synergie avec ses pairs ;
- **aspect négatif :** une personne qui resterait à ce stade risquerait de ne pouvoir fonctionner qu'avec des personnes du même niveau de développement. Il est donc préférable de passer au degré de développement suivant : prendre en charge des personnes n'ayant pas encore fait ce cheminement.

Méthodologie et conseils

Il ne faut pas confondre l'autonomie et l'indépendance. En effet, il est souvent nécessaire de sortir les personnes accompagnées de cette confusion.

Suite outil 28 →

Avant de vous lancer...

✓ Comprendre et expliquer qu'il n'y a pas de « bon » degré d'autonomie. Chaque étape répond à un besoin de la personne en croissance.

✓ Analyser le degré d'autonomie de votre client vis-à-vis de vous.

Suite outil 28

Les degrés d'autonomie

COMMENT ÊTRE PLUS EFFICACE ?

L'autonomie s'inscrit dans une relation

Dans une relation de dépendance, il y a un « petit » et un « grand », alors que dans la situation d'interdépendance, il existe une parité entre les deux personnes. Pour accompagner le processus d'autonomie d'une personne, 3 paramètres sont nécessaires :

- que le petit ait envie de grandir ;
- que le grand réussisse une transformation intérieure et change de regard ;
- que la relation change de nature entre les deux personnes.

On ne peut pas passer directement de la dépendance à l'interdépendance

Pour arriver à l'autonomie, il est nécessaire de passer par les degrés intermédiaires de contre-dépendance et d'indépendance. Selon les individus, le temps passé peut être court dans certaines étapes.

Chaque étape suppose des besoins et des contraintes spécifiques qu'il est important d'identifier et de traiter. Le passage d'une étape à l'autre suppose des transformations et des renoncements :

- De la dépendance à la contre-dépendance : la personne doit gérer la perte du confort d'être prise en charge. Elle gagne cependant le droit de dire non.
- De la contre-dépendance à l'indépendance : la personne doit renoncer à la possibilité de rejeter la faute sur les autres. Cette transformation lui permet de dépasser sa peur et d'assumer ses choix.
- De l'indépendance à l'interdépendance : il s'agit de renoncer à son indépendance, ses propres règles et son propre rythme. Elle doit pour cela renoncer à son narcissisme.

Chaque passage nécessite donc un deuil qui, conformément au modèle d'Elisabeth Kübler-Ross, comporte 5 étapes : le déni, la colère, le marchandage, la tristesse et l'acceptation.

Comment accompagner au mieux la croissance d'une personne vers l'autonomie en tant que dirigeant ou coach ?

› Pour favoriser le **passage de la dépendance** à la **contre-dépendance** : accepter de passer le temps nécessaire avec la personne, de lui donner de l'information et de dispenser de la formation. Par ailleurs, il est nécessaire de donner une permission majeure : celle d'autoriser les acteurs à dire non.

› Le **passage à l'indépendance** : accepter la contestation sans rejeter la personne. Il s'agit également de permettre à l'autre de prendre des risques et de s'autoriser à avoir peur, de l'assumer et finalement d'aller de l'avant.

› Le **passage à l'interdépendance** : accepter de vivre l'absence de relation apparente et ne pas rabrouer la personne lorsqu'elle renouera la relation. Il est également nécessaire de rappeler les règles communes et être soi-même exemplaire dans la mise en œuvre de celles-ci. Enfin, il s'agit de montrer à la personne qu'il y a plus d'avantages à vivre l'interdépendance et la synergie entre pairs qu'à être seul.

Cas d'entreprise

Accompagner un manager à développer l'autonomie des membres de son équipe

© Kornetka_Fotolia.com

Contexte

Le client est un manager dans une grande banque française depuis 6 mois. Il s'agit d'une première prise de poste managérial pour lui. L'objectif principal de son coaching est d'accompagner la montée en compétences de ses collaborateurs et de déléguer davantage.

Résultat

Lors de la deuxième séance, le coach décrit le modèle des degrés d'autonomie à son client. Ce dernier est ensuite amené à placer ses collaborateurs dans chaque cadran.

L'échange avec le coach permet au client de prendre conscience des besoins spécifiques et des enjeux de chacun de ses collaborateurs. Un plan d'action est élaboré par le client pour accompagner la croissance et le développement de chaque collaborateur d'une manière spécifique. ■

5

DOSSIER

AMÉLIORER LES MODES DE FONCTION-NEMENT DE L'ÉQUIPE

"

Le Tout est plus que la somme des parties.

Théorie des systèmes

Être en mesure d'animer son équipe de direction, de manager un groupe projet ou d'accompagner plus globalement la performance d'une organisation sont autant de demandes classiques formulées au coach. Ce dossier présente ainsi un ensemble d'outils répondant aux principaux besoins d'un collectif :

- Une grille d'analyse, sorte de « carte pour le territoire » permettant de comprendre et partager où en sont la performance et l'organisation de l'équipe (outil 29).
- Des outils pédagogiques visant à renforcer la culture de l'Intelligence Collective.
- Des jeux pédagogiques et analogiques permettant aux membres de l'équipe de mieux se comprendre eux-mêmes mais également entre eux.

Des cartes pour le territoire

Accompagner la performance d'une équipe nécessite tout d'abord de construire le « cadre de référence » sur le sujet du manager et de l'équipe. Pour cela, l'outil 29, dérivé des travaux de Bruce Tuckman dans un article de 1965 sur les stades de développement d'une équipe, constitue une grille d'analyse incontournable.

Des outils pour mieux se comprendre et se parler

Les outils 30, 31 et 36 sont à la fois des outils d'intervention du coach et des grilles d'analyse venant compléter l'outil 20 (dossier 4). La combinaison de ces outils permet effectivement de construire une culture et un regard soucieux d'intégrer la complexité et la logique systémique.

Des jeux et/ou outils pédagogiques et analogiques

Enfin, un ensemble d'outils analogiques visant à mieux comprendre le fonctionnement de l'équipe (les outils 34, 38, 39, 40, 41 et 42) et à communiquer sur celui-ci sont présentés, tout comme des outils pratiques d'intervention immédiatement applicables par le coach (outils 32, 33, 35 et 37).

Les outils

Outil 29 Diagnostiquer le fonctionnement de son équipe

« *Le travail individuel permet de gagner un match mais c'est l'esprit d'équipe qui permet de gagner la Coupe du monde.*

Aimé Jacquet

En quelques mots

Ce modèle, créé par Bruce Tuckman, puis popularisé par Vincent Lenhardt, permet de définir les 3 grandes étapes de fonctionnement d'une équipe en se centrant sur le caractère identitaire de ses membres et sur les points où ils focalisent leur énergie.

Les 3 stades de développement de l'équipe sont : **la collection d'individus** (dans laquelle les acteurs sont centrés sur leur expertise et leur réussite individuelle), **le groupe solidaire** (dans lequel ses membres ont intégré la logique de leurs pairs et où leur énergie est centrée sur la collaboration entre eux) et **l'équipe performante** (dans laquelle l'énergie est centrée sur la mise en œuvre d'une vision partagée).

DIAGNOSTIQUER LE STADE DE DÉVELOPPEMENT D'UNE ÉQUIPE

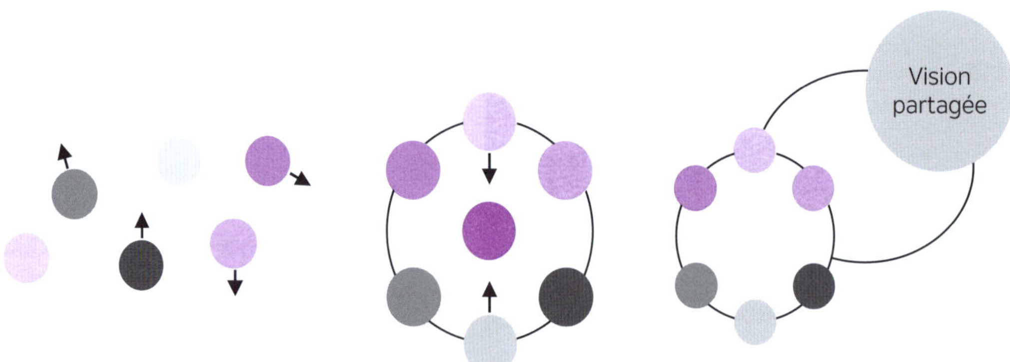

Collection d'individus — Groupe solidaire — Équipe performante

POURQUOI L'UTILISER ?

Objectifs

› Poser un diagnostic sur le fonctionnement d'une équipe.
› Préparer son plan d'intervention.

Contexte

Ce modèle peut être utilisé pour la préparation de séminaires de cohésion et/ou de coaching d'équipe.

COMMENT L'UTILISER ?

Étapes

1. Recueillir des informations sur le fonctionnement de l'équipe.
Le coach peut observer l'équipe *in vivo* (par exemple lors d'un comité de direction) ou effectuer des entretiens individuels.
2. Poser le diagnostic sur le stade de développement de l'équipe :
• 1er stade : la collection d'individus. L'équipe est dans une phase de constitution. Chacun des membres est centré sur son expertise, ses propres problèmes et sa réussite individuelle. Les valeurs des individus sont orientées vers l'expertise métier. Cette étape, nécessaire, comporte le danger que chacun s'enferme dans ses modes de fonctionnement sans tenir compte des autres.
Dans une équipe figée à ce stade, les membres risquent de mettre leur énergie à protéger leur territoire et à instaurer des « baronnies ».
• 2e stade : le groupe solidaire. À ce stade, le leadership est affirmé, les frontières de l'équipe sont clairement définies et chaque membre est suffisamment rassuré sur son identité et son territoire. L'énergie est centrée sur la collaboration et une écoute mutuelle. Les valeurs de l'équipe deviennent relationnelles. Si l'équipe reste figée dans ce stade, elle peut rencontrer deux dangers : les valeurs de solidarité pourraient devenir trop oppressantes et enlever aux acteurs leur parole individuelle ; l'équipe pourrait devenir « solidaire » contre d'autres équipes de l'entreprise.
• 3e stade : l'équipe performante. L'identité de l'équipe et de ses membres se définit par rapport à une vision partagée. Les membres de l'équipe sont centrés sur l'élaboration de cette vision partagée et sur l'ajustement continu des rôles de chacun avec celle-ci.
3. Préparer son intervention pour faire progresser l'équipe vers le stade 3.

Méthodologie et conseils

Le rôle du coach est différent à chaque stade. **Au stade 1**, il doit créer l'alliance avec le dirigeant et la confiance entre le dirigeant et les membres de son équipe. En outre, il met en place un chemin de croissance progressif. Pour le passage du stade 1 au stade 2, il doit aider le dirigeant à définir la frontière du groupe et le territoire de chacun.
Au stade 2, il doit encourager le groupe à s'écouter, à développer une sensibilité sur la relation, à mettre en place des règles de fonctionnement et à collaborer efficacement. Pour le passage du stade 2 au stade 3, il doit accompagner le groupe à co-élaborer une vision partagée.
Au stade 3, le coach abandonne son rôle de facilitateur qui prend en charge l'équipe et se centre sur l'accompagnement des acteurs pour gérer la complexité. ■

Avant de vous lancer...

✓ Considérer que chaque étape est normale et nécessaire dans le processus de développement d'une équipe.

✓ Pour mieux intégrer cette grille de lecture, choisir des thématiques de management et/ou de fonctionnement d'équipe (communication, recrutement, évaluation, prise de décisions...) et mener une réflexion sur leurs modalités de mise en œuvre dans chaque stade de développement.

Outil 30 Mon, Son, Ton, Notre, Mon

“

Il faut deux ans pour apprendre à parler et toute une vie pour apprendre à se taire.

Proverbe chinois

En quelques mots

Mon, Son, Ton, Notre, Mon ou MSTNM est un outil de diagnostic et d'intervention mis au point par Vincent Lenhardt. Il s'utilise en coaching collectif pour analyser et comprendre les difficultés de fonctionnement d'un groupe et permettre au coach de prendre la juste décision d'intervention. Pour cela, le coach devra, à chaque vécu majeur du groupe, (le désaccord d'un participant par exemple) se poser 4 questions avant d'intervenir : ce qui se passe, est-ce *Mon* problème ? le problème du participant (donc *Ton* ou *Son* problème) ? ou le reflet d'une difficulté de tout le groupe (donc *Notre* problème) ? Suivant les réponses à ces questions, le coach choisira d'intervenir sur lui-même, sur l'autre ou sur le groupe.

MSTNM

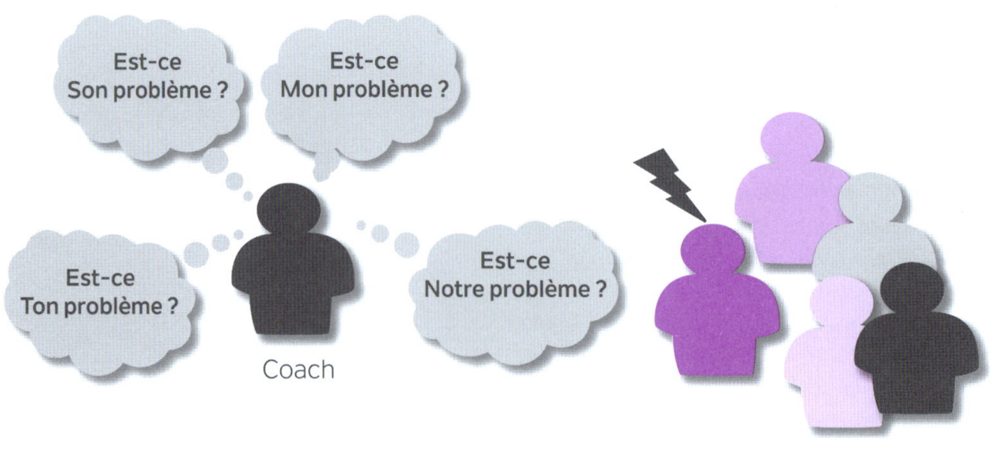

POURQUOI L'UTILISER ?

Objectifs

› Permettre à un coach d'équipe d'intégrer dans ses interventions toutes les dimensions du système : le coach, les participants et le groupe en tant qu'entité.

› Diagnostiquer les difficultés de fonctionnement du groupe : les résistances, les passivités, le désintérêt d'un participant...

› Poser la bonne intervention, sur lui-même, sur un membre du groupe ou sur toute l'équipe.

Contexte

« MSTNM » s'utilise en coaching collectif lorsque l'on constate des troubles dans le fonctionnement du groupe.

COMMENT L'UTILISER ?

Prenons le cas d'un coach d'équipe confronté à un participant récalcitrant. En quelques secondes, le coach peut suivre mentalement les cinq étapes ci-dessous et faire le choix de l'intervention appropriée.

Étapes

1. Est-ce MON problème ? Le coach ressent de l'agacement du fait du comportement du participant X. Plutôt que de réagir immédiatement, il va prendre intérieurement du recul et se demander si son ressenti n'est en fait pas le résultat d'une croyance qui lui est propre : peut-être ne supporte-t-il pas d'être agressé ou le type de personnalité du participant ? Dans l'affirmative, le coach gère sa propre frustration sans intervenir car c'est son problème.

2. Est-ce SON problème ? Le coach va à présent réfléchir à ce qui peut se jouer pour le participant dans son comportement. Utilisant ses propres grilles d'analyse comme l'AT, la PCM, etc., le coach va déterminer si l'énergie déployée par celui-ci ne provient pas d'un « problème psychologique » qui lui est propre. Dans l'affirmative, le coach évite d'intervenir et laisse le participant à son comportement. Il n'y a pas de danger pour le groupe et le temps passé à écouter le participant peut représenter la meilleure façon de gérer la situation.

3. Est-ce TON problème ? Si le coach perçoit que le comportement du participant met en danger le bon fonctionnement du groupe, il interviendra auprès du participant pour le renvoyer à sa problématique qu'il aura à gérer lui-même. Il n'est pas approprié de traiter ce problème dans le groupe mais urgent de l'en protéger.

4. Est-ce NOTRE problème ? Après avoir balayé les trois questions précédentes, il peut s'avérer que le sens du débat se situe à un autre niveau. Le problème amené par le participant peut être analysé en considérant qu'il est la « voix » du groupe et qu'il fait émerger dans la conscience du groupe un problème qui lui échappait. Le coach va donc s'emparer de cet élément pour faire réfléchir le groupe sur son fonctionnement.

5. C'est MON problème. *In fine*, d'où que provienne la difficulté, il incombe au coach de la traiter.

Méthodologie et conseils

Pour les coachs débutants, il convient de bien prendre le temps de la réflexion avant d'agir, quitte à ne rien faire et à le travailler en supervision. ■

Avant de vous lancer...

✓ La confrontation se fait toujours dans une position de vie « OK » du coach et dans un souci de croissance et de pédagogie pour le groupe.

✓ Donc, s'assurer d'être bien « OK » avant toute confrontation avec un participant. Dans le cas contraire, ne pas intervenir afin d'éviter une entrée dans le triangle dramatique (outil 15) avec tout le groupe.

Outil 31 La matrice RACI

> Tant que tu accuses les autres, le bonheur est impossible.
>
> **Lama Zopa Rinpoché**

En quelques mots

La matrice RACI est un outil utilisé en coaching d'équipe pour diagnostiquer les difficultés de fonctionnement liées à une mauvaise définition des rôles, responsabilités et périmètres de travail de ses membres. Cet outil permet de déterminer qui est Responsable de la tâche à réaliser, qui en sont les Acteurs (ceux chargés de l'accomplir), les personnes à Consulter pour sa réalisation et celles à tenir Informées. Le RACI permet en outre de définir les rôles et les périmètres « cibles » pour chaque acteur de la tâche pour un fonctionnement clarifié et optimal de l'équipe.

CLARIFIER LES RÔLES ET RESPONSABILITÉS DE CHACUN

	Paul	Zoé	Tom	Théo	Henri	Job	Noël
Activité 1	A		R	I	A	I	
Activité 2	I	I		C		R/A	I
	A	A			R		C
	C				I		R/A
	R/A		I		C		C
		R		A	I		
Activité N	I	C	A		A		R

POURQUOI L'UTILISER ?

Objectifs

› Analyser le fonctionnement actuel d'une équipe et diagnostiquer ses problèmes de fonctionnement.
› Construire un processus de travail clarifié au sein d'une équipe.

Contexte

Cet outil s'utilise en coaching d'équipe ou d'organisation. Dans ce cas, ce sont les interactions entre services qui seront clarifiées.

COMMENT L'UTILISER ?

Étapes

1. **Préparation de la matrice.**
Le coach va dans un premier temps décrire avec l'équipe les différentes étapes de son activité ou de sa mission.
Ces différentes étapes vont être placées dans la colonne verticale d'un tableau en face des noms des membres de l'équipe (voir schémas page précédente et page suivante).

2. **Formaliser la situation actuelle.**
Au cours d'une réunion dédiée, le coach va demander aux participants d'inscrire en face de chacune des tâches une lettre représentant le rôle qu'ils pensent jouer dans sa réalisation :
R (s'ils pensent en être responsable), A (s'ils en sont les acteurs), C (s'ils pensent devoir être consultés pour sa réalisation) et I (s'ils ont besoin d'être informés de sa réalisation).

3. **Analyser la matrice.**
Une fois que chaque participant s'est exprimé, le coach va analyser la matrice avec l'équipe. Il va s'attacher à relever les incohérences qui peuvent expliquer les dysfonctionnements de l'équipe (par exemple, si une tâche n'a que des responsables et pas d'acteurs ou le contraire ou si trop de monde pense devoir être consulté).

4. **Formaliser la situation cible.**
Fort du travail précédent, le coach va construire avec l'aide des participants un RACI « cible ». Il va en effet reprendre chacune des tâches et obtenir de l'équipe qu'il n'y ait plus qu'un responsable par tâche, qu'il y ait bien des acteurs pour la réaliser, que les personnes consultées soient limitées à celles dont l'apport est réellement nécessaire et que l'information ne soit remontée qu'aux personnes qui en ont vraiment besoin pour fonctionner.

Méthodologie et conseils

Lors de la deuxième étape, il est important de s'assurer que les participants décrivent bien la situation actuelle vécue. Sinon, ils risquent de décrire une situation idéale (celle de leur définition de poste par exemple) qui ne permettra pas de traiter les vrais problèmes de l'équipe.

Suite outil 31 →

Avant de vous lancer...

✓ Avoir une idée claire de la qualité des relations au sein de l'équipe avant de vous lancer dans des ateliers RACI, afin de déminer les éventuelles relations conflictuelles ou d'éviter les non-dits.

✓ Se préparer à réguler d'éventuels conflits qui deviendront apparents du fait de la matrice RACI. Pour cela, prévoir plusieurs coachs (2 au minimum) pour une intervention à géométrie variable.

La matrice RACI

COMMENT ÊTRE PLUS EFFICACE ?

Questionner pour analyser la matrice RACI actuelle et construire la cible

Une fois que chaque participant a fini d'inscrire ses « lettres » (R, A, C, et I) en face des tâches dont il pense être responsable, acteur, consulté ou informé, le coach propose une lecture verticale et horizontale de la matrice ainsi obtenue.

Pour cela, il va surtout questionner les participants sur les incohérences constatées, ce qui aura pour effet de les amener à discuter et construire le fonctionnement cible optimal.

Questionner pour **analyser verticalement** la matrice.

- Si la colonne contient trop de A :

La personne concernée peut-elle être efficace sur autant de tâches ? Ses tâches peuvent-elles être subdivisées ?

- Si la colonne ne contient aucune case vide :

La personne doit-elle être impliquée dans autant d'activités ? Les « C » peuvent-ils être transformés en « I » ?

- Si des personnes ne sont que consultées ou informées :

Cette fonction doit-elle rester dans le périmètre de l'équipe ? Quels « A » et « R » cette fonction peut-elle prendre ?

- Si on constate trop de responsabilités chez une personne :

Afin de créer un équilibre, une délégation à d'autres est-elle possible ? N'y a-t-il pas là un « goulet d'étranglement » qui ralentit l'équipe ?

Questionner pour analyser horizontalement la matrice

- Beaucoup d'acteurs pour une seule activité :

Est-ce une situation tenable et gérable dans la durée ?

- Plusieurs responsables sont identifiés par activité :

Cela n'est-il pas source de confusion ? Les prises de décisions ne sont-elles pas ralenties ?

- Trop de personnes consultées ou informées :

Y a-t-il un besoin à consulter ou informer tant de personnes ?

- Pas de « R » ou de « A » :

La tâche correspondante est-elle réalisée ? Le processus de travail de l'équipe n'est-il pas trop lent ? Il faut nommer un « A » ou un « R » !

- Toutes les cases sont remplies :

Elles ne devraient pas l'être. Souvent trop de « C » et de « I » ont été distribués !

Le RACI permet de construire la solution dans le même temps que les problèmes sont soulevés. La mise en route de ces solutions est donc très rapide.

Cas d'entreprise

RACI d'une équipe opérationnelle

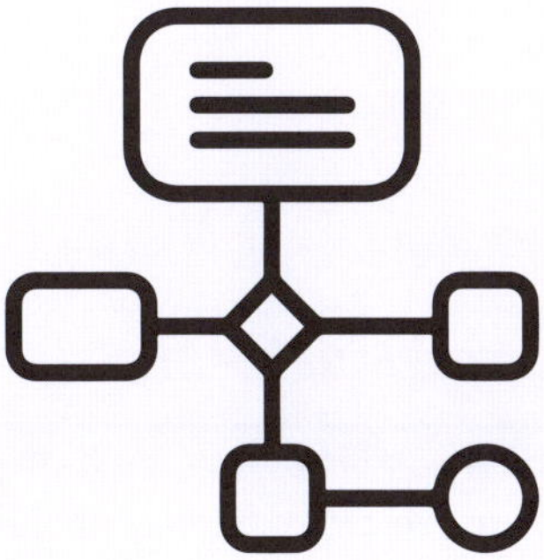

Analyse horizontale

	Paul	Zoé	Tom	Théo	Henri	Job	Noël
Activité 1	A		R	I	A	I	
Activité 2	I	I		C		R/A	I
	A	A			R		C
	C						
	R/A		I		C		C
		R		A	I		
Activité N	I	C	A		A		R

Analyse verticale

	Paul	Zoé	Tom	Théo	Henri	Job	Noël
Activité 1	A		R	I	A	I	
Activité 2	I	I		C		R/A	I
	A	A			R		C
	C				I		R/A
	R/A		I		C		C
		R		A	I		
Activité N	I	C	A		A		R

Une équipe de 7 personnes a décidé de réaliser le RACI de son activité suite à des difficultés de fonctionnement répétées. Après la phase d'analyse, l'équipe a défini un RACI « cible » pour lequel il n'y a qu'un seul responsable par tâche, des acteurs pertinents et le nombre de personnes consultées et informées a été limité. L'analyse verticale et horizontale de la « cible » montre qu'il n'y a plus d'incohérences. ■

Outil 32 La présentation « binôme, groupe, plénière »

> “
> *Dans « connaître », il y a « naître ».*
> **Victor Hugo**

En quelques mots

L'outil « binôme, groupe, plénière » mis au point par Vincent Lenhardt, est un exercice de présentation au sein d'un groupe ou d'une équipe permettant de renforcer la connaissance mutuelle de ses membres. Après un temps de réflexion individuelle, les participants partagent autour des questions proposées par le coach, en commençant en binômes (10 minutes chacun), puis en petits groupes d'une manière plus synthétique (3 minutes chacun) et enfin en grand groupe (en moins d'une minute par personne). Cet outil permet à une équipe de grande taille de mieux se connaître et de renforcer sa cohésion d'une manière significative, en moins de 2 heures.

RENFORCER LA CONNAISSANCE DES MEMBRES D'UNE ÉQUIPE DE TAILLE IMPORTANTE

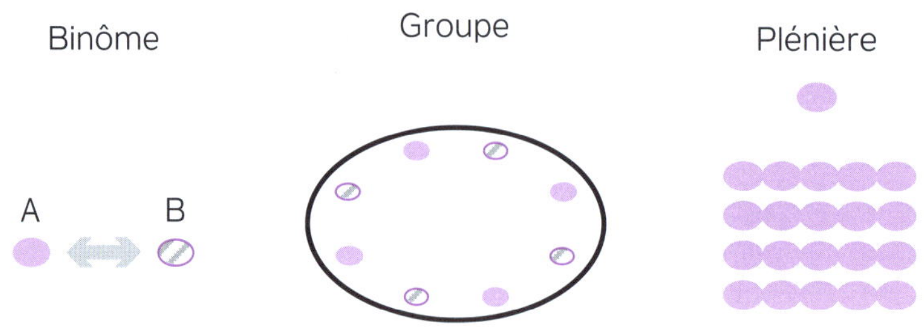

POURQUOI L'UTILISER ?

Objectif

› Permettre à une équipe de mieux se connaître et de renforcer sa cohésion.

Contexte

Particulièrement adapté aux équipes de grande taille, cet outil peut être utilisé au démarrage d'un séminaire d'équipe. Il est pertinent pour les équipes en cours de constitution mais peut également être utilisé avec des équipes plus anciennes.

COMMENT L'UTILISER ?

Étapes

1. **Introduction.** Le coach présente l'exercice et précise les règles du jeu :
- écoute de l'autre ;
- confidentialité (ce qui se dit dans le groupe reste dans le groupe) ;
- choix du degré de l'ouverture (chacun choisit le degré d'ouverture qui lui convient pour se présenter).

2. **Réflexion individuelle préalable.** Les participants disposent d'un temps de réflexion individuelle pour préparer la réponse aux questions posées par le coach dont voici quelques exemples : Qui suis-je ? Quels sont les événements qui m'ont construit(e) ? Quelles sont mes qualités ? Quels sont mes projets ? Quelles sont mes attentes ? Quels sont mes apports ?

3. **Partage à deux.** Les participants forment des binômes (A et B) et échangent autour des questions proposées par le coach. Dans un premier temps, A dispose de 10 minutes pour partager et B écoute sans intervenir. Puis B donne un feedback à A pendant 2 minutes. Ce processus est inversé dans un deuxième temps.

4. **Partage en petits groupes.** Plusieurs binômes forment des petits groupes de 8 à 10 personnes. Chaque participant partage autour des mêmes questions d'une manière plus synthétique (3 minutes) puis son binôme ajoute un feedback en quelques mots : une perception, un oubli possible, une mise en valeur des qualités, etc.

5. **Partage en plénière.** Chaque participant se présente devant le groupe en 45 secondes ou une minute selon la taille du groupe.

6. **Restitution.** Le coach anime une séquence où les participants ont la possibilité de partager sur leurs vécus pendant l'exercice.

Méthodologie et conseils

La dynamique de l'exercice permet aux participants de :
- construire des relations privilégiées à 2 et en petits groupes et se faire connaître par l'ensemble des participants ;
- améliorer leur compétence de communication en apprenant à délivrer le même message dans des contextes variés avec différents niveaux de synthèse.

Pour des équipes de moins de 20 personnes, il est préférable de ne pas faire de partage en petit groupe. ■

Avant de vous lancer....

✓ **Il s'agit d'un outil impliquant et adaptable. Afin de mieux comprendre l'impact de cet outil sur la cohésion d'une équipe, il serait intéressant de le tester avec des collègues et/ou personnes proches.**

✓ **Certains participants pourraient rencontrer des difficultés pour se présenter en moins d'une minute, c'est-à-dire d'une manière très synthétique. Le coach doit être vigilant sur la gestion du temps pour ne pas trop déborder de son planning.**

Outil

33 Les 2 cercles

« *Le meilleur moyen pour apprendre à se connaître, c'est de chercher à comprendre autrui.*

André Gide

En quelques mots

Les 2 cercles est un outil utilisé pour renforcer la cohésion d'une équipe de taille importante. Les participants forment deux cercles concentriques, en se plaçant debout et face à face par binôme, puis répondent à une série de questions leur permettant de mieux se connaître mutuellement. Le déroulement, le nombre et la nature des questions sont gérés par le coach suivant une modalité spécifique. Les questions sont de plus en plus impliquantes et conduisent les membres de l'équipe vers plus d'ouverture.

RENFORCER LA COHÉSION D'UNE ÉQUIPE DE TAILLE IMPORTANTE

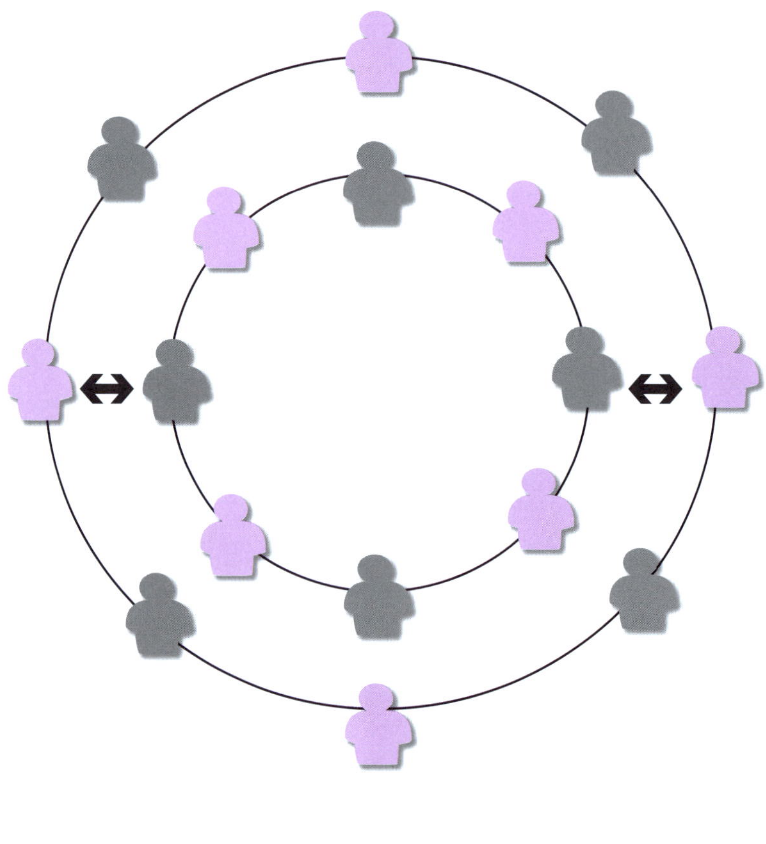

POURQUOI L'UTILISER ?

Objectifs

› Mieux se connaître.
› Renforcer la cohésion d'une équipe.
› Créer un climat de confiance.

Contexte

Particulièrement adapté aux équipes de grande taille, cet outil peut être utilisé au démarrage d'un séminaire d'équipe avec son manager.
Il est pertinent pour les équipes en cours de constitution mais peut également être utilisé avec des équipes plus anciennes en adaptant les questions posées.

COMMENT L'UTILISER ?

Étapes

1. Les participants forment deux cercles concentriques et se placent de façon à avoir un binôme en vis-à-vis.
Pour cela :
• l'équipe se répartit en deux sous-groupes de nombres égaux ;
• le premier sous-groupe forme le cercle intérieur. Les participants sont debout et regardent vers l'extérieur ;
• le deuxième sous-groupe forme le cercle extérieur. Les participants sont tournés vers l'intérieur.

2. Le coach annonce la première question, par exemple « Qui suis-je ? ».
Les échanges se font en binômes. Les participants du cercle intérieur disposent de 2 minutes pour répondre à la question. Le binôme du cercle extérieur écoute sans poser de questions. Puis c'est au tour des participants du cercle extérieur de répondre à la même question en 2 minutes.

3. Changement de binôme pour échanger autour d'une nouvelle question. Le coach demande aux participants du cercle extérieur de faire un pas vers leur droite pour se retrouver face à un autre partenaire.
Puis une autre question est posée. Une douzaine de questions permettent aux participants de mieux se connaître sur des sujets professionnels et personnels. Le même processus se répète pour l'ensemble des questions : échanges sur une question, changement de partenaire avec la rotation du cercle extérieur puis échanges sur une nouvelle question.

4. Le coach propose un moment de restitution pendant lequel chacun va pouvoir communiquer son ressenti sur ce que l'exercice lui a apporté dans son rapport à l'équipe.

Méthodologie et conseils

Bien que les consignes d'installation des deux cercles paraissent simples, le coach peut rencontrer des difficultés d'animation face à une équipe nombreuse et dans la dynamique de l'exercice. Pour être efficace, il doit être très précis et donner les instructions pas à pas, sans précipitation.
Le déroulement des questions doit permettre de rentrer progressivement dans une connaissance approfondie de l'autre.

Suite outil 33 →

Avant de vous lancer...

✓ Il faut prévoir un lieu approprié et disposer de l'espace nécessaire pour former les 2 cercles.

✓ L'outil est valable pour un nombre pair de participants. Pour un nombre impair, un des facilitateurs doit participer à l'exercice.

✓ L'outil ne donne la possibilité de rencontrer que la moitié de l'équipe : les membres d'un même cercle n'échangeront pas.

Suite outil 33

Les 2 cercles

COMMENT ÊTRE PLUS EFFICACE ?

Construire le questionnaire pour un groupe

Le choix des questions doit être en cohérence avec la situation, les objectifs de l'équipe et le thème général du séminaire.

Il est recommandé de suivre les trois dimensions de Schutz pour structurer l'enchaînement des questions.

- Tout d'abord les questions de type « inclusion » qui permettent aux participants de parler d'eux-mêmes et de leur place au sein de l'équipe. Ce sont des questions qui renforcent la connaissance mutuelle et le sentiment d'appartenance. Exemples :
  - Quels sont mes hobbies ?
  - Pourquoi ai-je choisi l'entreprise xxx et comment ai-je obtenu mon poste ?
  - Une chose qui me rend fier de mon entreprise (ou du département ou de l'équipe), c'est...
- Puis les questions de type « contrôle » qui permettent aux participants d'aborder leurs compétences, leurs talents ou leur périmètre de leadership. Exemples :
  - Ma plus grande réussite ces deux dernières années, c'est...
  - Ce que je sais le mieux faire dans mon métier, c'est...
- Et enfin les questions de type « ouverture » traitent du niveau de proximité de la personne avec elle-même et avec les autres. Elles ne sont posées par le coach que si ce dernier estime que les participants sont prêts à y répondre. Exemples :
  - Dans la vie, ce qui est important pour moi, c'est...
  - Quels sont les événements déterminants de ma vie professionnelle ou personnelle qui m'ont construit ?
  - Qu'est-ce que j'ai envie que l'on dise de moi quand je partirai à la retraite ?

Détecter jusqu'où encourager l'équipe à expérimenter l'ouverture

Le coach doit mesurer l'avancée progressive des participants et décider si c'est le bon moment pour l'équipe pour répondre aux questions de type « ouverture ». Pour ce faire, il doit écouter les participants et observer attentivement les attitudes non verbales. Voici ce qu'on peut observer quand les équipes approchent un stade d'ouverture :

- l'atmosphère paraît de plus en plus dense ;
- le volume sonore baisse de façon significative et les binômes se rapprochent physiquement ;
- l'écoute est plus profonde et attentionnée entre les binômes ;
- il n'y a plus de rires gênés dans la salle.

Ajuster le nombre de questions

Le nombre de questions dépend de la taille de l'équipe et du temps imparti. L'exercice des deux cercles reste dynamique entre 45 et 60 minutes. Au-delà, il peut paraître fastidieux et physiquement fatiguant pour les participants. Le coach a intérêt à planifier un certain nombre de questions et à prévoir des questions supplémentaires. Le choix des questions se fera en fonction de la situation.

Adopter une posture appropriée

Deux cas de figure nécessitent une posture particulière de la part du coach :

- Certaines questions peuvent faire apparaître une « légère résistance » de la part des participants. Exemple : Quelles sont mes qualités ? Dans ce cas, la fermeté, la confiance du coach dans la capacité de l'équipe à faire l'expérience de l'ouverture et son sens de l'humour sont des facteurs clés de réussite.
- Il est parfois nécessaire de confronter ou recadrer les participants qui sortent des règles du jeu.

Cas d'entreprise

Deux cercles au début d'une journée de travail

© Yurii – Fotolia.com

Contexte

Projet de refonte de la comptabilité dans une grande entreprise industrielle. Les chefs de projet ont décidé d'organiser une journée de « lancement » pour présenter le projet à l'ensemble des équipes (40 personnes au total : ressources métier comptable et informatique). L'outil des « deux cercles » est utilisé après le discours de bienvenue des chefs de projet et la présentation du programme de la journée.

Les 15 questions suivantes ont été posées au groupe : 1) Qui suis-je ? ; 2) Quel est mon métier, et pourquoi l'ai-je choisi ? ; 3) Pourquoi ai-je choisi de travailler au sein de la société xxx ? ; 4) Quelle place j'occupe au sein du projet xxx ? ; 5) Quels sont mes hobbies ? ; 6) Ce que je fais de mieux dans mon métier, c'est… 7) Ma plus grande réussite ces deux dernières années, c'est… ; 8) Quels sont les événements déterminants dans ma carrière professionnelle ? ; 9) Quand j'ai besoin d'aide, la première chose que je fais, c'est… ; 10) Quand je fais une erreur, c'est souvent parce que… ; 11) Quels sont mes rêves ? ; 12) Dans la vie, ce qui est le plus important pour moi, c'est… ; 13) Les gens qui m'aiment reconnaissent en moi les qualités suivantes… ; 14) Ce que j'aimerais que l'on dise de moi quand le projet xxx sera fini ? ; 15) Que faut-il que tu saches de moi pour mieux me connaître ?

Résultat

Cet exercice a permis aux participants de mieux se connaître d'une façon dynamique et agréable avant de démarrer une journée de travail dense. ■

Outil 34 La banquise

> “
> La pierre n'a point d'espoir d'être autre chose que pierre. Mais de collaborer, elle s'assemble et devient temple.
>
> **Antoine de Saint-Exupéry**

En quelques mots

La banquise est un jeu pédagogique qui permet à une équipe de prendre conscience de ses modes de fonctionnement et de les modifier pour être plus performante.

Un rectangle au sol – en papier ou en tissu – représente une banquise où tout le groupe doit se retrouver. Cette banquise fond et se réduit en plusieurs étapes. Il y a donc de moins en moins de place pour le groupe. À chaque étape, le groupe doit décider et mettre en œuvre une stratégie collective pour réussir à rester sur la banquise.

PRENDRE CONSCIENCE DES MODES DE FONCTIONNEMENT INDIVIDUELS ET COLLECTIFS

POURQUOI L'UTILISER ?

Objectifs

Permettre à une équipe de :

› Diagnostiquer ses modes de fonctionnement lors de la mise en œuvre d'un projet.
› Apprendre à évoluer collectivement.
› Renforcer sa cohésion et son esprit d'appartenance.

Contexte

Cet outil peut être utilisé avec une équipe constituée dont les membres se connaissent ou avec des équipes en cours de constitution.

COMMENT L'UTILISER ?

Étapes

Un tissu en forme de rectangle est installé sur le sol. Les participants se trouvent autour de ce rectangle, dimensionné de façon à permettre à tout le groupe de s'y placer sans difficulté.

1. **Introduction du coach :** « Nous sommes au pôle Nord et nous subissons le réchauffement climatique. Il nous reste quelques plaques de glace sur lesquelles nous pouvons survivre (symbolisées par le rectangle au sol). À mon signal, trouvez votre place sur la banquise. Auparavant, posez-vous les questions suivantes : « Où est-ce que j'aimerais être ? » ; « Qu'est-ce qui se joue pour moi dans le fait de trouver ma place sur cette banquise ? » Au signal, les participants se positionnent sur la banquise et disposent de deux minutes de réflexion en silence : « Où est-ce que je me situe ? » ; « Est-ce que je voulais être là ? » ; « Qu'est-ce que je ressens ? » ; « À quoi cela me renvoie-t-il dans ma place dans l'équipe ? »
Suit un temps de feedback de l'étape. Les participants sortent de la banquise et disposent d'un temps d'échange en binôme (une minute par personne). Ensuite ceux qui le souhaitent restituent leurs ressentis en collectif.
2. **Le coach réduit la surface de la banquise d'un tiers.** Au signal, le groupe remonte sur la banquise. Les participants disposent de deux minutes de silence pour réfléchir : « Qu'est-ce qui se passe pour moi et en quoi est-ce différent de la première fois ? » Puis ils partagent en binôme et en collectif comme l'étape précédente.
3. **Deuxième réduction d'un tiers de la surface.** Il est maintenant difficile pour tous de monter sur la banquise. L'équipe dispose de deux minutes pour définir une stratégie permettant à tous de tenir sur la banquise. Le dialogue est autorisé mais sans le droit de faire d'essai. Le groupe remonte sur la banquise. Les participants disposent de deux minutes de silence pour une réflexion individuelle : « À quoi cela me renvoie-t-il ? » ; « Quel est mon rapport au groupe dans cette étape ? » Puis ils partagent en binôme et en collectif comme les étapes précédentes.
4. **Le coach anime un travail de débriefing** sur le parallèle entre le jeu pédagogique et le vécu en entreprise.

Méthodologie et conseils

Cet outil peut également être utilisé comme exercice d'inclusion lors d'un séminaire. Dans ce cas, le coach ne propose pas de feedback approfondi à chaque fin d'étape.

Suite outil 34 →

Avant de vous lancer…

✓ Le manager de l'équipe doit au préalable accepter de faire ce type d'exercices. Cela permet de tester sa confiance en son équipe.

✓ Prévoir un tissu de grande taille !

La banquise

COMMENT ÊTRE PLUS EFFICACE ?

Être exigeant et s'assurer de la réussite de l'équipe

Le coach a tout intérêt à se montrer exigeant vis-à-vis du groupe et mettre une pression positive pour rendre le jeu engageant et dynamique. Pour ce faire, il doit rester ferme sur les temps de réflexion et de feedback et réduire suffisamment l'espace de la banquise, après chaque étape, pour proposer un vrai challenge à l'équipe. Cependant, il doit toujours rester dans une logique de réussite et ne pas provoquer un échec en mettant la barre trop haut par rapport à la maturité de l'équipe.

Effectuer le débriefing d'une façon optimale

La banquise est un excellent outil pour accélérer les prises de conscience sur la relation aux autres et le sentiment d'appartenance à une équipe. En effet, ce qui se passe pour chacun pendant le jeu est souvent représentatif des comportements habituels au sein d'un groupe. Le coach doit faire preuve de pédagogie et clarifier en cas de besoin les parallèles entre ce jeu et le vécu des participants en entreprise.

Le débriefing de clôture se fait sur huit thèmes majeurs :

- la relation aux consignes, symbolisant la réaction aux demandes venant de l'extérieur et à la responsabilité ;
- la relation à l'intervenant, symbolisant la relation à la hiérarchie et au pouvoir ;
- l'énergie et l'ambiance générale, symbolisant le plus souvent le niveau de motivation et d'engagement de l'équipe et la qualité des relations et de collaboration entre ses membres ;
- la relation à la créativité, qui montre le degré d'ouverture de l'équipe aux idées nouvelles ;
- la communication, qui donne une information précieuse sur l'écoute entre les participants, les circuits d'information, les relations entre les participants, la confiance ;
- le leadership, les modes d'autorité ou d'influence, les modes de prise de décision, les personnes ayant eu un impact significatif sur les prises de décisions ou sur le résultat final ;
- le rapport à l'espace, symbolisant la façon dont les individus gèrent leur espace et les contacts physiques induits par le jeu ;
- la gestion des délais, comment le groupe a géré son temps. Notamment, y a-t-il eu un gardien du temps ?
- l'atteinte des résultats et la gestion de la pression : comment le groupe a-t-il géré la pression du résultat ? Y a-t-il eu une évaluation des résultats ? A-t-il fêté la réussite ? A-t-il tiré des enseignements de cette expérience ?

Le coach peut également utiliser les questions suivantes pour aider les participants à prendre du recul sur leurs comportements individuels :

› Quels étaient mes enjeux ?
› Est-ce que j'ai d'abord pensé à moi ? Ai-je cherché à aider les autres ?
› Ai-je pris le temps de réfléchir ? Me suis-je précipité sur la banquise ou ai-je suivi un mouvement de foule ?
› Est-ce que j'ai eu le sentiment d'avoir été entendu ?
› Est-ce que j'ai eu peur ? Est-ce que je me suis senti en danger ?
› Ai-je cherché à influencer les autres ? À les guider ?
› Est-ce que je suis sorti du jeu ?
› Quels sont mes apprentissages majeurs ?
› Quels sont les comportements que j'ai envie de changer ?
› Quelles sont les prochaines étapes ?

Cas d'entreprise

Banquise pour une direction des ressources humaines

Contexte

Il s'agit d'une entreprise industrielle internationale constituée par des opérations successives de croissance externe. Après une phase de consolidation, la direction décide d'adopter une stratégie offensive et met en place des changements organisationnels importants au sein des équipes. Dans cet environnement, la direction des ressources humaines, située principalement en France, Allemagne et États-Unis, subit une pression forte. La DRH a souhaité réunir son équipe lors d'un séminaire ayant pour objectifs de :

- renforcer la cohésion de l'équipe ;
- aligner la stratégie RH sur celle de l'entreprise et se mettre d'accord sur les priorités communes ;
- renforcer le positionnement des RH comme des partenaires privilégiés des directions métier.

Résultat

L'outil banquise a été utilisé au début du séminaire. L'exercice et le débriefing détaillé du coach ont permis de mettre en évidence les disparités de fonctionnement et les relations éloignées et parfois difficiles entre les responsables en France et aux États-Unis. À la suite de cet exercice, les équipes ont décidé de lancer des projets communs et se sont fixé des règles de collaboration pour améliorer le service auprès des directions métier. ■

Outil 35 La présentation croisée

> Ce grand monde… c'est le miroir où il nous faut regarder pour nous connaître de bon biais.
>
> **Montaigne**

En quelques mots

La présentation croisée est un outil mis au point par Jacques-Antoine Malarewicz. Il s'utilise pour améliorer d'une manière originale la connaissance mutuelle des membres d'une équipe. En pratique, les participants sont invités à s'installer en cercle et à présenter leurs voisins de droite à la première personne, pendant au moins deux minutes. Cet outil présente de nombreux avantages par rapport à une présentation classique : légèreté, humour, niveau d'écoute plus important pendant l'exercice et une envie accrue de découvrir l'autre à l'issue de l'exercice !

RENFORCER LA CONNAISSANCE MUTUELLE DES MEMBRES D'UNE ÉQUIPE D'UNE MANIÈRE ORIGINALE

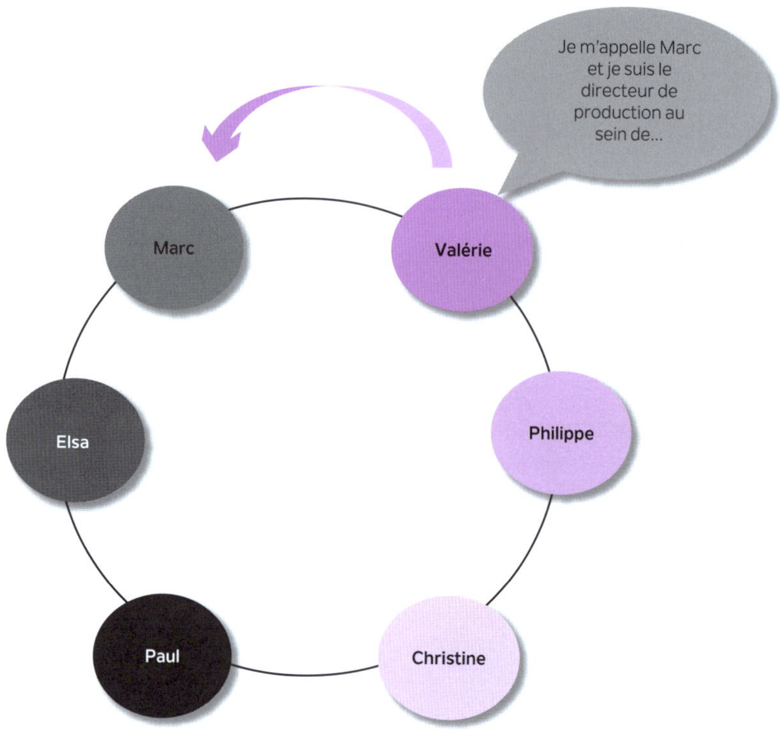

POURQUOI L'UTILISER ?

Objectifs

› Améliorer la connaissance mutuelle des membres de l'équipe.
› Renforcer la cohésion de l'équipe avec humour et légèreté.

Contexte

Cet outil peut être utilisé au démarrage d'un séminaire d'équipe avec son manager. Il est pertinent pour des équipes constituées dont les membres se connaissent depuis un temps suffisant.

COMMENT L'UTILISER ?

Étapes

1. **Le coach invite les membres de l'équipe à s'installer** sur des chaises placées en cercle. Il se place à l'extérieur du cercle et présente les règles du jeu.
• Chaque membre de l'équipe doit présenter son voisin de droite pendant au moins deux minutes en parlant à la première personne.
• La première personne qui démarre est désignée d'une manière aléatoire (par exemple en tirant le numéro 1 dans une urne).
• Les présentations doivent se faire d'une manière directe (pas de dérision, pas de second degré ni de messages cachés) et bienveillante (sans jugement vis-à-vis de soi-même ou des autres).
• Les présentateurs ne sont pas tenus de dire la stricte vérité. En cas de manque d'informations, ils se donnent le droit d'inventer une histoire qui se veut le plus proche possible de la réalité (ce qu'ils imaginent correspondre à la personne).

2. **Les membres de l'équipe prennent un temps de réflexion** pour préparer leur présentation. Ce temps ne doit pas dépasser une à deux minutes.

3. **Chaque membre de l'équipe présente son** voisin en commençant par la phrase : « Je m'appelle ».

4. **Le coach propose un tour de parole succinct** au cours duquel chacun communique sur son vécu de l'exercice.

Méthodologie et conseils

Les personnes présentées sont souvent surprises par l'exactitude et le détail des informations données à leur sujet.
De façon paradoxale, cet outil permet aux membres de l'équipe de réaliser qu'ils se connaissent mieux qu'ils ne le supposaient. Après l'exercice, cet outil donne souvent envie aux membres de l'équipe de mieux se découvrir. D'une manière spontanée, ils vont vérifier l'exactitude des renseignements délivrés auprès des autres.
Par ailleurs, il est également possible de désigner des binômes qui se présentent mutuellement devant le groupe selon les mêmes modalités. ■

Avant de vous lancer...

✓ Le coach peut suggérer à l'équipe une structure de présentation comme le prénom, nom, fonction, parcours professionnel, hobbies, ce qui est important pour moi, une chose que vous ne savez pas sur moi, ...

✓ L'utilisation de cet outil peut être longue et fastidieuse pour une équipe de plus de 10 personnes.

Outil

36 Le blason

> Le sage ne s'afflige pas de ce que les hommes ne le connaissent pas ; il s'afflige de ne pas connaître les hommes.
>
> **Confucius**

En quelques mots

Le blason est un outil de coaching collectif utilisé pour renforcer la cohésion d'une équipe et améliorer la connaissance mutuelle de ses membres. En pratique, les participants sont invités à renseigner chacun des items du blason (voir schéma ci-dessus) et à le présenter aux autres suivant une modalité d'animation gérée par le coach. Il s'agit d'un exercice impliquant, permettant la présentation authentique des individus pour atteindre ensemble un niveau supérieur de proximité et de confiance.

RENFORCER LA CONNAISSANCE MUTUELLE DES MEMBRES D'UNE ÉQUIPE

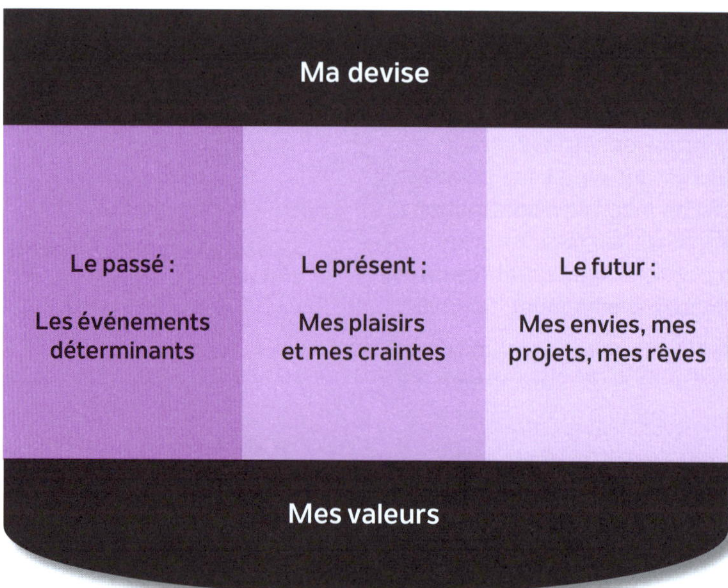

goo.gl/eDYmQL
En savoir plus (en vidéo)

POURQUOI L'UTILISER ?

Objectifs

› Permettre une meilleure connaissance des membres d'une équipe.
› Renforcer la cohésion de l'équipe.
› Créer la confiance en son sein.

Contexte

Particulièrement impliquant, cet outil peut être utilisé au démarrage d'un séminaire d'équipe avec son manager. Il est pertinent pour des équipes en cours de constitution mais également pour des équipes plus anciennes ayant besoin de renforcer les liens entre leurs membres.

COMMENT L'UTILISER ?

Étapes

1. Le coach présente l'exercice.
Chaque membre de l'équipe se présente grâce à un blason individuel (un format de blason vide peut être montré sur une feuille de *paperboard*).

- En haut de la page, votre devise en une phrase ; à gauche, les événements déterminants de votre passé ; au milieu, le présent (vos plaisirs et vos craintes) ; à droite, le futur (vos envies et vos projets) ; et enfin en bas, 3 à 5 valeurs qui sont importantes pour vous.
- Le blason peut être constitué de mots ou de dessins. Le temps de préparation est de 20 minutes. De préférence, le temps de présentation individuelle ne doit pas dépasser 5 minutes.
- Lors des présentations, les collaborateurs écoutent leurs collègues sans faire de commentaires. Les questions de compréhension sont possibles si elles ne débouchent pas sur une discussion.

2. Le coach propose les règles du jeu avant le démarrage de l'exercice ou accompagne le groupe pour définir ses propres règles du jeu, comme la confidentialité, l'authenticité, l'écoute et le non-jugement, et permettre à l'équipe de partager dans un cadre de confiance.

3. Les membres de l'équipe prennent un temps de réflexion individuelle pour élaborer leurs blasons.

4. Tous les membres de l'équipe se présentent grâce à leurs blasons.
L'ordre de passage se détermine sur le mode du volontariat.

5. Le coach propose un tour de parole où chacun va pouvoir communiquer son ressenti sur ce que l'exercice lui a apporté dans son rapport au groupe.

Méthodologie et conseils

Le coach doit préciser de manière claire que chacun choisit le degré d'ouverture qui lui convient pour se présenter. Par exemple, il n'est pas obligatoire d'aborder la vie personnelle dans le blason ; il est tout à fait possible de rester sur le plan professionnel.
L'outil blason est indiqué pour des équipes de petite taille. L'exercice peut paraître long et fastidieux pour une équipe de plus de 10 personnes.

Suite outil 36 →

Avant de vous lancer...

✓ Le bon déroulement du blason nécessite un minimum d'ouverture et de confiance de la part des membres de l'équipe. Le coach doit vérifier au préalable que l'équipe et son manager sont prêts à se lancer dans une telle démarche.

✓ Prévoir d'intervenir à plusieurs coachs en cas d'équipe nombreuse pour rendre l'exercice le plus fluide possible et stimuler les partages de représentations.

Le blason

COMMENT ÊTRE PLUS EFFICACE ?

Animer l'exercice en adoptant une posture appropriée

L'animation du blason nécessite pour le coach d'adopter une posture particulière :

- une posture de « facilitateur » pour permettre au groupe de partager et vivre des moments fondateurs d'ouverture et de création de lien. Il doit éviter toute interférence avec ce vécu ;
- une posture de « gardien du cadre » en n'hésitant pas à intervenir pour confronter ou recadrer tout participant qui ne respecterait pas les règles de l'exercice, notamment celles de respect et de non-jugement.

Par ailleurs, l'attitude du coach est un facteur clé de succès de l'exercice. Pour les membres de l'équipe, sa bienveillance, son écoute et sa confiance sont un encouragement pour aller au bout de l'expérience. Pour le dirigeant qui a pris le risque de lancer cette démarche, sa présence rassurante constitue un appui.

De ce fait, voici quelques comportements à proscrire de la part du coach :

- faire des commentaires ou des jugements pendant et après les présentations (y compris des jugements positifs) ;
- établir des comparaisons avec d'autres équipes, même pour mettre en valeur l'ouverture d'une équipe ;
- prendre des notes pendant les présentations ;
- présenter son blason personnel (même si le dirigeant ou l'équipe le lui demande), car l'objet de l'exercice est la cohésion de l'équipe et non la relation client-coach.

Gérer le temps en intelligence de situation

La gestion du temps est un paramètre important de cet exercice. Le coach doit en premier lieu ajuster le rythme de l'exercice. S'il est trop lent, l'énergie et l'attention du groupe pourraient se déliter, s'il est trop rapide, il pourrait générer de la frustration. En second lieu, le coach doit s'assurer d'une répartition équitable du temps de parole de chacun et que le planning de la journée soit respecté sans pour autant arrêter les présentations d'une manière abrupte.

Cette gestion du temps peut être facilitée par des règles préétablies. Par exemple, le coach peut faire un signe de la main pour prévenir les participants quand il ne leur reste plus qu'une minute pour se présenter.

Déterminer l'ordre de passage du dirigeant

Pour éviter de donner une place particulière au dirigeant, il est important que celui-ci ne se présente ni en premier ni en dernier. En premier, il risquerait d'imposer un style ou un niveau d'ouverture aux membres du groupe. En dernier, il pourrait faire perdre à l'exercice son mode de fonctionnement paritaire. Cette question doit être abordée et validée en amont du séminaire avec le dirigeant.

Déterminer l'utilisation ultérieure des blasons

Pour sécuriser les participants et permettre leur pleine implication, il est important de préciser dès le démarrage l'utilisation ultérieure des blasons. Suivant les cas, ils pourront être affichés le temps du séminaire, emportés par les participants ou tout simplement détruits.

Cas d'entreprise

Blason d'un dirigeant qui se présente à son équipe

Contexte

Un dirigeant a la charge d'animer depuis 5 mois une équipe qualité de 8 personnes dans une grande entreprise industrielle. Les membres de l'équipe se connaissent bien. Le dirigeant a l'image d'une personne exigeante, centrée sur le travail et peu accessible. Il décide de faire participer son équipe à un séminaire en vue d'élaborer avec elle la vision à 3 ans. La première soirée du séminaire, les participants font l'exercice du blason puis dînent ensemble.

Résultat

Le dirigeant s'est présenté en parlant de sa vie personnelle et de son passé professionnel d'une manière ouverte et authentique. Cet échange inhabituel a permis aux participants d'entrevoir une personnalité plus ouverte de leur dirigeant et d'oser s'ouvrir à lui de leurs difficultés au quotidien. ■

Outil 37 MTSI (Management Team Speed Integration)

> Le commencement est la moitié de tout.
>
> **Pythagore**

En quelques mots

MTSI est un outil mis au point par Claude Hoffmann qui permet de faciliter l'intégration d'un nouveau membre dans un comité de direction et de renforcer la cohésion de l'ensemble de l'équipe. Ses modalités de mise en œuvre sont simples : chaque membre de l'équipe exprime au nouvel arrivant ce qu'il aurait aimé qu'on lui dise quand il a intégré le comité de direction. Le tour de table se termine par le nouvel arrivant.

RÉUSSIR L'INTÉGRATION D'UN NOUVEAU MEMBRE DANS UN COMITÉ DE DIRECTION

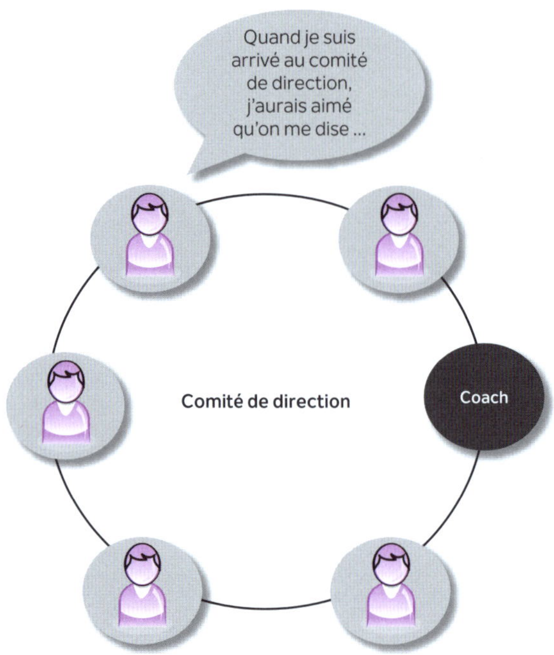

POURQUOI L'UTILISER ?

Objectifs

› Faciliter l'intégration du nouvel arrivant dans une équipe de direction.
› Transformer l'intégration d'un nouveau membre d'une équipe en opportunité de renforcer la cohésion et le climat de confiance.
› Renforcer l'entraide et la solidarité au sein de l'équipe.

Contexte

L'intégration d'un nouveau membre dans une équipe de direction peut être un exercice délicat pour le collaborateur qui rejoint l'équipe et également pour l'ensemble de ses collègues. Cet outil est particulièrement pertinent pour une intégration dans un comité de direction mais il peut aussi être utilisé à tous les niveaux de l'entreprise.
Il est de préférence mis en place lors de la première participation du nouveau membre à la réunion de l'équipe ou au démarrage d'un séminaire d'équipe.

COMMENT L'UTILISER ?

Étapes

1. **Un membre de l'équipe commence le processus en répondant à la question suivante :** « Qu'est-ce que j'aurais aimé qu'on me dise quand je suis rentré au comité de direction ? » Les autres participants écoutent en silence et peuvent poser des questions de clarification sans toutefois commencer un débat.
Le coach anime les échanges et peut être amené à inviter celui qui s'est exprimé à accueillir le nouvel arrivant comme il aurait souhaité être accueilli lui-même.
Par exemple, le membre de l'équipe dit : « J'aurais aimé que mes collègues se présentent et qu'ils me disent "Quand est-ce qu'on déjeune ensemble ?" ». Le coach invite alors celui qui s'exprime (et éventuellement tous les autres participants) à se présenter au nouveau membre et à prendre un rendez-vous pour déjeuner.

2. **Tous les participants partagent à leur tour** ce qu'ils auraient aimé qu'on leur dise à leur arrivée.

3. **À la fin des échanges**, le nouvel arrivant fait de même : il demande au groupe ce qu'il a envie de savoir ou d'entendre. Dans la mesure du possible, le groupe lui répond immédiatement ou planifie des actions à venir.

Méthodologie et conseils

Cet outil permet à chacun des membres de l'équipe de se remémorer leur propre intégration et les rend ainsi plus réceptifs aux besoins du nouvel arrivant. Il donne en outre un signal fort aux membres de l'équipe qu'il est naturel d'exprimer ses besoins. ■

Avant de vous lancer...

✓ **Une très bonne connaissance du passé de chaque membre de l'équipe (dans la vie du groupe) et du contexte « actuel » de l'équipe est un plus indiscutable pour la réussite de cet exercice.**

✓ **Il est donc important d'avoir bien investigué, lors d'entretiens préalables, le vécu de chacun en termes d'inclusion et d'appartenance à une équipe.**

Outil 38 Le jeu du pont

> Une petite impatience ruine un grand projet.
>
> **Confucius**

En quelques mots

Le pont est un jeu pédagogique dynamique et ludique qui permet à une équipe de prendre conscience de ses modes de fonctionnement en mode projet et de les améliorer. En pratique, les participants sont répartis en sous-groupes de 6 à 7 personnes. Chaque sous-groupe est amené à construire un pont en papier le plus long possible en tenant compte d'un certain nombre de contraintes. Les participants sont encouragés à suivre les étapes suivantes : conception et prototypage, *benchmark*, production et test de fiabilité.

LE FONCTIONNEMENT D'UNE ÉQUIPE EN MODE PROJET

POURQUOI L'UTILISER ?

Objectifs

› Diagnostiquer les modes de fonctionnement d'une équipe lors de la mise en œuvre d'un projet.
› Apprendre à être plus performant collectivement.
› Renforcer la cohésion de l'équipe.

Contexte

Cet outil est pertinent pour des grands groupes, par exemple lors des séminaires de cohésion d'équipe ou de formation.
Il peut également être utilisé pour un petit groupe (moins de 8 personnes) dont les membres se connaissent et travaillent ensemble, par exemple une équipe projet.

COMMENT L'UTILISER ?

Étapes

1. **Démarrage.**
Le but du jeu est de construire un pont, le plus long possible. Précisément, il s'agit de construire la portée la plus longue possible ; il n'est pas demandé de construire des piliers.
Pour ce faire, les participants disposent de 50 feuilles de papier blanc A4, d'une paire de ciseaux et d'une règle. L'utilisation d'autres matériaux ou outils est interdite.
Le pont doit supporter le poids d'une voiture miniature qui doit pouvoir parcourir au moins le tiers de sa longueur.
Les participants peuvent utiliser 20 feuilles A4 pour construire un prototype et disposent de 30 feuilles pour la construction définitive du pont.
Il est recommandé aux participants de suivre les étapes suivantes : conception et prototypage (20 minutes), benchmark (5 minutes), production et test (20 minutes).
À l'issue de ces étapes, les ponts seront testés et mesurés. Lors de l'étape de benchmark, une seule personne par équipe a le droit d'observer les solutions trouvées par les autres équipes.

2. **Le jeu en sous-groupes.**
Les participants sont répartis en sous-groupes de 6 à 7 personnes. Chaque sous-groupe travaille isolément. Un coach par sous-groupe observe les comportements des participants et prend des notes pour préparer le débriefing.

3. **Évaluation de l'ensemble des ponts en grand groupe.**
Le coach teste la capacité des ponts à supporter le poids d'une voiture miniature et le fait que la voiture puisse circuler sur le tiers de la longueur du pont sans obstacle, puis il mesure la longueur du pont.

4. **Débriefing en sous-groupes** (voir page suivante pour un exemple de débriefing complet).

Méthodologie et conseils

L'étape de benchmark a deux bénéfices majeurs :
- aider les équipes qui n'auraient pas de solution technique viable ;
- transformer l'esprit de compétition qui peut apparaître dans certains cas entre les sous-groupes, en esprit de coopération.

Suite outil 38 →

Avant de vous lancer...

✓ Si le nombre de coachs est insuffisant, il est nécessaire de désigner un observateur par équipe. Dans ce cas, il est important de s'assurer que les observateurs savent animer une séance de débriefing et donner des feedbacks positifs et constructifs (voir outils 17 et 18).

✓ Préparer des questions pour un débriefing approprié (voir outil 34).

Le jeu du pont

COMMENT ÊTRE PLUS EFFICACE ?

Conserver une dynamique forte

Pour que le jeu soit pédagogique, il est nécessaire d'introduire une contrainte de temps. La pression positive ainsi induite (45 minutes pour l'ensemble du jeu) accentue les habitudes et les modes de fonctionnement récurrents et permet de les mettre en évidence.
Cependant, en cas de besoin, l'animateur peut laisser plus de temps pour assurer la réussite des équipes.

Effectuer le débriefing d'une façon optimale

Le jeu du pont est un excellent outil pour accélérer les prises de conscience sur le fonctionnement d'une équipe en mode projet.
Le coach doit faire preuve de pédagogie et clarifier si besoin les parallèles entre ce jeu et le vécu des participants lors de la mise en œuvre des projets.
Le débriefing de clôture est le plus souvent porté sur les thèmes suivants :

- **Le ressenti :** quel est le vécu de chacun ?
- **Équilibre réflexion/action :** quel est le mode de travail des équipes ? Est-ce que les participants se concertent et font un travail de réflexion Avant de vous lancer… dans la réalisation d'un prototype ?
- **Organisation du travail :** est-ce que les participants ont été efficaces au regard de leur organisation ? Comment la répartition des tâches et la coordination des travaux ont-elles été organisées ? Y a-t-il un participant qui endosse le rôle d'animateur (ou qui est désigné par le groupe) ?
- **Gestion du temps :** comment les participants ont-ils géré le temps ? Est-ce qu'un ou plusieurs participants ont pris en charge la gestion du temps ? Si oui, de quelle façon ?
- **Qualité de relation entre les participants :** est-ce que toutes les idées ont été écoutées et considérées par les participants ? Quelle a été la réaction face aux idées nouvelles survenues pendant le jeu ? Quelle a été l'ambiance de travail dans l'équipe ?
- **Leadership :** quels sont les différents types de leadership exercés (technique, organisationnel, gestion des conflits…) ? Comment les décisions ont-elles été prises par le groupe ? Les participants se sont-ils mis d'accord sur un processus et des critères de décision au préalable ? Comment le groupe a-t-il géré et régulé les désaccords ?
- **Utilisation de l'étape de benchmark :** dans quel état d'esprit l'équipe a-t-elle géré cette étape ? Compétition (on va vérifier qu'on est les meilleurs), ou efficacité (comment pouvons-nous faire encore mieux) ? Les apprentissages de cette étape ont-ils été mis en œuvre ? Quelle influence cela a-t-il eu sur le produit final ? À l'inverse, l'équipe a-t-elle réagi ouvertement à la demande d'explication des autres équipes ?
- **L'atteinte des résultats et le bilan :** comment le groupe a-t-il géré la pression ? Y a-t-il eu une évaluation des résultats ? Est-ce que les participants sont fiers de leurs résultats ? Ont-ils fêté leur réussite ? Ont-ils tiré des enseignements de cette expérience ?

Cas d'entreprise

Jeu du pont lors d'une formation

Contexte

Le jeu du pont est utilisé lors d'une formation pour cadres « hauts potentiels » d'un voyagiste. Il s'agit d'une équipe ayant l'habitude de travailler en urgence. Les participants construisent le pont dans les délais mais n'ont pas le temps de tester la fiabilité de leur construction avant la fin du temps imparti.

Résultat

Les équipes prennent conscience du fait que même si la réactivité apporte de l'efficacité dans leur pratique quotidienne, elle est inadaptée à la conception et à la mise en œuvre de projets complexes. Ils décident de structurer leur manière d'aborder les projets en co-élaborant une méthodologie simple et pragmatique. ■

Outil 39 Les 5 carrés

> *Une société basée sur l'abondance est plus intéressante qu'une société qui organise la pénurie.*
>
> **Claude Steiner**

En quelques mots

Les 5 carrés est un outil d'analyse et d'amélioration du fonctionnement d'une équipe. Il permet au travers de l'observation des échanges et des modes de coopération entre les membres d'une équipe de mettre en évidence le stade de développement de celle-ci et la nature des relations entre ses membres. Il s'utilise en deux temps : une première phase de mise en situation au cours de laquelle les membres de l'équipe doivent réaliser une œuvre commune dans le silence (5 carrés) et une seconde phase de débriefing avec le coach. Ce retour de la part du coach permet aux participants de prendre conscience de leurs comportements et ainsi de poser les bases de nouveaux modes de travail, plus coopératifs.

AMÉLIORER LA COOPÉRATION AU SEIN D'UNE ÉQUIPE

Une combinaison réussie

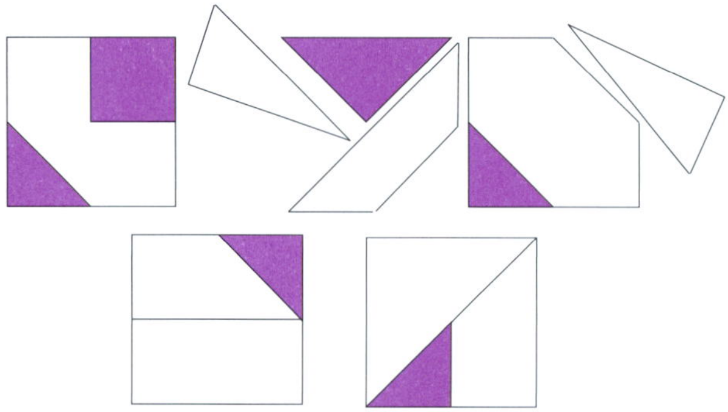

Une combinaison bloquée

goo.gl/kkhrWd
En savoir plus (en vidéo)

POURQUOI L'UTILISER ?

Objectifs

› Analyser le stade de développement d'une équipe et les modes de coopération entre ses membres.
› Provoquer des prises de conscience au sein de l'équipe sur leur façon de coopérer ou non.
› Développer la coopération au sein de l'équipe.

Contexte

Cet outil s'utilise en coaching collectif dans le cadre d'un accompagnement dans la durée pour développer le fonctionnement plus coopératif d'une équipe ou ponctuellement pour susciter des prises de conscience.

COMMENT L'UTILISER ?

Étapes

Prenons l'exemple d'une équipe de direction composée de 7 personnes.

1. Démarrage.
Le coach propose à deux personnes d'être observatrices. Leur mission est de repérer les différentes phases vécues par le reste de l'équipe lors de l'exercice et de faire un feedback à son issue. Le reste de l'équipe s'assoit autour d'une table et se voit distribuer une enveloppe chacun. Chaque enveloppe contient des pièces permettant de reconstituer un carré.

2. Objectif.
Le jeu sera terminé quand chaque participant aura réalisé un carré parfait identique à celui des autres membres.

3. Règles du jeu.
Chaque participant doit impérativement garder le silence pendant toute la mise en situation, s'abstenir de demander une pièce ou de faire le carré d'un autre participant et de placer ses pièces au milieu de la table.

4. Le jeu.
L'équipe va passer par plusieurs phases dont la durée va dépendre de son stade de développement (voir outil 29). Durant la première phase, chacun va tenter de réaliser son carré indépendamment des autres membres. Ceci va conduire à l'émergence d'un bouc émissaire : celui qui n'arrive pas à faire son carré est considéré comme le problème qui bloque l'avancement du jeu. Après un temps de blocage variable, l'équipe va se rendre compte que la personne qui bloque l'avancement du jeu est en fait le symptôme d'un dysfonctionnement collectif. Il a besoin de la coopération du groupe, c'est-à-dire que quelqu'un lui donne une pièce. Une fois cette prise de conscience faite, chacun comprend qu'il peut donner des pièces pour débloquer la situation.

5. Débriefing.
Le coach, aidé des deux observateurs, fait un feedback à l'équipe qui prend conscience de son niveau de coopération et intègre que la réussite comme l'échec résultent d'un fonctionnement collectif de chacun.

Méthodologie et conseils

S'assurer du silence lors de la mise en situation. Cette règle permet en effet de faire prendre conscience aux participants que 80 % des échanges en entreprise sont implicites.

Suite outil 39 →

Avant de vous lancer...

✓ Vérifier que le jeu des 5 carrés pourra bien avoir lieu après les apports théoriques sur les stades de développement et la métacommunication afin qu'il soit le plus pédagogique possible.

✓ Se préparer à gérer l'éventuelle hostilité de l'équipe en cas de blocage du jeu.

✓ Bien prendre le temps de préparer les observateurs pour obtenir les feedbacks les plus pertinents possible.

Suite outil 39

Les 5 carrés

COMMENT ÊTRE PLUS EFFICACE ?

La réussite de l'exercice des « 5 carrés » repose essentiellement sur la qualité du débriefing du coach avec l'équipe. Ce partage doit d'abord porter sur une explicitation du sens des 5 règles du jeu puis du vécu des membres de l'équipe au cours de la mise en situation. Il sera notamment très instructif de mettre à jour la façon dont les membres ont collectivement perçu et surmonté les différentes phases de blocage du jeu.

Sens des règles du jeu

Le jeu des 5 carrés comprend 4 règles qui ont toutes un objectif pédagogique spécifique :

- **La règle du silence :** l'intérêt de cette règle est de créer artificiellement un climat qui permette de se rendre compte de l'importance de la communication implicite qui représente plus de 80 % des échanges en entreprise.
- **Personne ne peut demander une pièce à un autre ou lui signaler qu'il a besoin d'une pièce :** cette règle permet d'obliger les participants à sortir de la méconnaissance du don. C'est le don et la coopération spontanée qui sortent les personnes des logiques de peur et de pénurie.
- **Les participants ne doivent pas placer leurs pièces au centre pour que les autres les prennent :** l'intérêt de cette règle est de faire prendre conscience à chacun de sa responsabilité et de sa coresponsabilité dans la bonne marche de l'équipe. Se défausser de ses pièces, c'est se défausser de ses responsabilités.
- **Les participants ne doivent pas faire le carré d'un autre :** cette règle permet de mettre à jour la mécanique des jeux de pouvoir. En effet, faire le carré d'un autre, ce dont certains n'arriveront pas à s'empêcher de faire, revient *in fine* à prendre le pourvoir sur lui et à l'empêcher de se développer et de déployer sa compétence. Il se crée au passage une relation de type sauveteur–victime (voir outil 17).

Enfin, le coach pourra ajouter que certaines règles auront été transgressées au cours du jeu et que c'est par ces tentatives que la solution aura aussi pu être trouvée : une certaine dose de transgression est aussi nécessaire pour éviter la sclérose des systèmes.

Questions de débriefing

Les questions de débriefing doivent permettre de mettre à jour les logiques par lesquelles sont passés les membres de l'équipe, notamment le passage d'une logique individuelle – chacun cherche à faire son carré – à une logique collective. La question au centre de cette transformation est celle de la peur d'être dépossédé. Le coach pourra ainsi faire réfléchir et s'exprimer les membres de l'équipe sur la façon dont ils ont vécu et transcendé la dépossession. Cette dernière est matérialisée par le fait de casser son carré pour offrir une pièce à un autre pour le bien commun.

Ne pas intégrer que nous pouvons donner, bloque le fonctionnement de l'équipe.

Cas d'entreprise

Jeu des 5 carrés pour l'équipe de direction d'un laboratoire pharmaceutique

Contexte

Au sein d'un laboratoire pharmaceutique, un séminaire de 2 jours ayant pour thème la cohésion d'équipe a été animé et l'exercice des 5 carrés a été proposé la première matinée.

Deux directeurs ont réussi à réaliser leur carré. Ne changeant pas de logique pour permettre aux autres membres de l'équipe de réaliser le leur, le coach a dû au bout d'une heure arrêter le jeu – sur un échec – pour proposer une discussion et un débriefing.

Résultat

La discussion autour du blocage du jeu a permis de mettre à jour le fonctionnement cloisonné de certains membres de l'équipe. Loin d'être un échec, le jeu des 5 carrés a entraîné une discussion sur les vrais sujets et enjeux du séminaire à savoir que les différents membres de l'équipe acceptent de collaborer et de mieux coopérer. ■

Outil 40 La corde et le carré parfait

> La perfection est un chemin, non une fin.
>
> **Proverbe coréen**

En quelques mots

Le jeu de la corde et du carré parfait est une mise en situation au cours de laquelle une équipe doit réaliser un carré parfait à l'aide d'une corde. Les participants disposent d'un temps limité pour élaborer une stratégie qu'ils devront mettre en œuvre dans un second temps dans le silence et les yeux bandés. À l'issue de l'exercice, un débriefing permet de mettre à jour les fonctionnements individuels et collectifs et favorise des prises de décisions concernant de nouveaux modes de collaboration.

PARTAGER LES PERCEPTIONS SUR LA PERFECTION ET L'EXIGENCE

POURQUOI L'UTILISER ?

Objectifs

› Amener un groupe à faire un travail de partage des représentations (voir outil 48), notamment sur les notions d'exigence et de perfection.
› Provoquer des prises de conscience sur les enjeux personnels notamment dans le rapport à la règle et à la perfection.
› Développer la coopération au sein d'une équipe.

Contexte

Cet outil s'utilise en coaching collectif dans le cadre d'un accompagnement dans la durée. Il est pertinent pour les grands groupes.

COMMENT L'UTILISER ?

Étapes

1. Répartition des rôles. N joueurs, N observateurs proches (1 par joueur), et le cas échéant le reste des participants se positionnent en tant qu'observateurs lointains.
2. Introduction du coach. « Vous disposez de 30 minutes de préparation pour constituer un carré parfait avec cette corde d'une dizaine de mètres, sachant que vous devrez tous être rattachés à la corde. À l'issue de ce temps, vous devrez refaire ce carré parfait (toujours rattachés à la corde), mais cette fois-ci avec les yeux bandés et sans l'autorisation de parler ».
3. Préparation. 30 minutes pour les joueurs, un complément sur demande de 10 minutes est possible si le groupe prend l'initiative de négocier pour obtenir ce temps. Chaque observateur proche doit observer « son » joueur selon les axes suivants : Quelle est sa capacité d'animation ? Quel est son rôle dans le groupe ? Comment contribue-t-il au succès de l'opération ? Comment écoute-t-il ?
Pour instaurer une pression positive, le coach donnera régulièrement le temps qui reste. À la fin du temps réglementaire, il demande aux membres du groupe s'ils sont prêts. Si non, que leur faut-il pour l'être ?
4. Réalisation. Le coach fait tourner les joueurs sur eux-mêmes avec les yeux bandés afin de les désorienter. Les joueurs disposent de quelques minutes pour recréer le carré parfait avec les yeux bandés et sans parler.
Les observateurs porteront leur attention sur deux aspects : Est-ce que les joueurs font bien ce qui est planifié ? Comment les joueurs s'adaptent-ils et se réajustent-ils par rapport à la méthode prévue ?
5. Débriefing de 40 minutes organisé selon trois axes : Qu'est-ce qui a été positif ? Qu'est-ce qui est améliorable ? Quel a été le rôle de chacun des joueurs pendant l'exercice ?
6. Les observateurs proches puis lointains présentent leurs **conclusions** sur les joueurs.

Méthodologie et conseils

Après l'exercice, un tour de parole pourra être organisé sur le thème suivant : « quelles sont les valeurs du groupe qui ont émergé ? »
Les tensions entre les besoins individuels et la tendance du groupe peuvent être analysées à cette occasion.

Suite outil 40 →

Avant de vous lancer...

✓ **Bien se préparer au débriefing en ayant au préalable une première idée du stade de développement de l'équipe et ainsi proposer une discussion post-exercice porteuse de points de compréhensions et d'améliorations immédiats.**

✓ **Faire participer les membres de l'équipe au débriefing en leur demandant de repérer les liens entre le vécu de l'exercice et leur vécu d'équipe.**

La corde et le carré parfait

COMMENT ÊTRE PLUS EFFICACE ?

Préparer les observateurs

Les observateurs proches resteront dans la plus grande neutralité et n'auront ni sourire ni encouragement vis-à-vis du joueur qu'ils observent. Dans la mesure du possible, le coach choisit des couples joueurs/observateurs ayant des caractères complémentaires de façon à ce que l'observateur et le joueur disposent de regards différents sur les situations.

Les observateurs lointains doivent observer ce qui se passe selon les axes suivants :

- Les acteurs procèdent-ils à l'ajustement des représentations quant à ce que l'on entend par « carré parfait » ?
- Ont-ils décidé d'une stratégie ? Ont-ils une méthode ? Un leader ?
- Ont-ils désigné un gardien du temps ?
- Qu'est-ce qui fonctionne bien et qu'est-ce qui est améliorable ?

Débriefer efficacement

Les points que le coach pourra mettre en lumière à l'issue du débriefing sont les suivants :

- Fréquemment, une pression individuelle ou collective s'instaure et monte pendant le jeu. Cette pression est très souvent liée au rapport à la perfection et à la réussite des participants. Il s'agit pour les individus et le groupe d'apprendre à sortir de la pression des enjeux pour rentrer dans la dynamique du jeu. La créativité émerge lorsque les joueurs arrivent à prendre du recul par rapport à leurs enjeux et leurs émotions négatives (par exemple le stress).
- L'échec est rarement dû à un manque de temps. Les participants qui réussissent avec facilité, partagent ouvertement et rapidement leurs perceptions de ce qu'est un « carré parfait ». Cette communication leur permet de choisir le niveau d'exigence et de perfection du carré en lien avec le temps imparti.
- Il n'existe pas de stratégie idéale. Mieux vaut adopter une méthode imparfaite plutôt que de rechercher la méthode « idéale » longtemps. Il vaut mieux un leader avec un certain type de leadership (peu importe lequel) qui applique une méthode plutôt que de passer trop de temps à discuter sur la méthode et le type de leadership à mettre en place.
- L'apprentissage se fait dans l'action et par l'expérience : il vaut mieux tester rapidement une méthode et la changer ou l'ajuster que d'argumenter longtemps sur son efficacité.
- L'outil du carré parfait permet de mettre en évidence le rôle de chaque joueur au sein du groupe et de faire émerger leurs valeurs individuelles. Enfin, il permet de mesurer l'écart entre ces valeurs et celles du groupe.
- Il est intéressant d'observer et de questionner le vécu des joueurs dans leur relation avec le coach et les consignes. Les règles sont-elles considérées comme enfermantes ou au contraire mettent-elles en place un espace pour libérer sa créativité ? En tant que groupe, nous donnons-nous le droit de négocier les règles et le temps de l'exercice avec le coach ? Quels sont nos droits, nos devoirs et nos marges de manœuvre ?

Cas d'entreprise

Jeu de la corde et du carré parfait lors d'un *team building*

© snyGGG - Fotolia.com

Contexte

Le jeu de la corde et du carré parfait est utilisé lors d'un séminaire de *team building* auprès de l'équipe informatique d'une grande PME.

Connaissant parfaitement les méthodologies projet, un leader est rapidement désigné par le groupe et une méthode de travail proposée et adoptée par tous. En revanche, le style directif du leader et son exigence de perfection au centimètre près n'ont pas permis à l'équipe de préparer suffisamment la phase de réalisation avec les yeux bandés. La réalisation du carré parfait avec les yeux bandés a été vécue comme un moment difficile par le groupe. Le résultat n'est pas à la hauteur des attentes des participants et de leur leader.

Résultat

Le débriefing a été l'occasion d'aborder le triptyque classique « coût, qualité, délais » des projets informatiques. Les participants ont partagé leurs perceptions sur le temps nécessaire pour mener à bien différents projets et la nécessité de s'adapter aux demandes des clients internes impliquant des niveaux de qualité très variés. ■

Outil 41 La caisse enregistreuse

“

Son nom est Juste Leblanc ? Ah, il n'a pas de prénom ?

Francis Veber

En quelques mots

La caisse enregistreuse est un exercice analogique utilisé en coaching d'équipe permettant de mettre à jour les modes de fonctionnement et d'interaction souvent implicites entre ses membres, notamment dans la gestion des conflits ou des consensus. Au niveau individuel, il permet à chacun de se rendre compte de l'influence de ses interprétations – souvent arbitraires – dans la compréhension d'une situation. Enfin, cet exercice est un excellent moyen de démontrer la nécessité de la métacommunication (voir outil 20), qui seule permet un réel dialogue et entraîne un fonctionnement plus performant de l'équipe.

QUESTIONNER NOS MODES D'INFÉRENCE

POURQUOI L'UTILISER ?

Objectifs

› Mettre en évidence les modes de fonctionnement d'une équipe : la façon dont les décisions sont prises, comment sont gérés les désaccords et les conflits, comment les consensus sont obtenus…

› Montrer aux membres de l'équipe la prépondérance des interprétations toujours subjectives dans leur compréhension d'une situation.

› Permettre la prise de conscience des participants quant à la nécessité de prendre une position méta par rapport à leurs propres jugements et d'apprendre à accueillir la parole de l'autre.

› Favoriser la culture de la métacommunication, facteur clé de succès des équipes performantes.

Contexte

Cet outil s'utilise en séminaire dans le cadre du coaching d'une équipe constituée.

COMMENT L'UTILISER ?

Étapes

1. Description et consignes de l'exercice.

Un texte va être affiché et chaque membre de l'équipe devra répondre à un questionnaire relatif à ce texte. 3 réponses sont possibles : « vrai, faux ou je ne sais pas ».

Après ce temps individuel, une réunion dirigée par le leader de l'équipe se tiendra dont l'objet sera de remettre au coach à l'issue du temps imparti un questionnaire unique, résultat d'un consensus entre tous les membres de l'équipe.

2. Mise en situation.

Pendant 45 minutes, le jeu se déroule sous le regard d'un observateur choisi parmi les membres de l'équipe et du coach.

3. Exploitation et débriefing de l'exercice.

Le coach anime un temps de débriefing et de métacommunication (voir outil 20) pour permettre à chacun d'analyser son attitude et celle du groupe lors de l'exercice.

Pour cela, les participants préparent une réponse aux questions suivantes :

Quel a été mon enjeu lors de l'exercice ? Par exemple, oser parler, m'affronter, convaincre, écouter…

Quelle a été ma participation et comment a-t-elle évolué lors de l'exercice ? Par exemple, active au début puis en retrait car on ne m'écoutait pas…

Ensuite, l'observateur donne un feedback à l'équipe sur son fonctionnement en axant son exposé sur 3 thèmes :

- Le leadership : quel type de leadership s'est-il dessiné lors de l'exercice ? (*top down*, consensuel…).
- Les méthodes : notamment, y a-t-il eu une méthode de travail lors du travail en commun ?
- Les valeurs : quelles sont les valeurs qui ont émergé lors de l'exercice de façon explicite ou tacite (efficacité, vérité, respect de la parole de l'autre, consensus, créativité, etc.) ?

Méthodologie et conseils

Le coach doit être vigilant au feedback de l'observateur qui pourrait entrer dans le jugement des participants.

Suite outil 41 →

Avant de vous lancer…

✓ Se préparer à faire un apport théorique sur la métacommunication (voir outil 20), qui donnera à cet exercice toute sa dimension pédagogique.

✓ Ne pas hésiter à prendre au sein de l'équipe des observateurs qui permettront un lien plus facile avec le fonctionnement habituel de l'équipe.

Suite outil 41

La caisse enregistreuse

COMMENT ÊTRE PLUS EFFICACE ?

Cet exercice est avant tout un travail de sémantique générale puisque pratiquement aucune des questions de l'énoncé ne peut donner lieu à une réponse de type vrai/faux. Tout l'intérêt de l'exercice se trouve donc dans son vécu et non dans son résultat « opérationnel ». Le coach devra être attentif à ce que les 3 enjeux de fond posés soient bien explicités.

Les enjeux soulevés par l'exercice

Le premier enjeu est d'analyser si on peut se permettre de ne pas savoir au sein de l'équipe et si on peut le dire sereinement. On constate très souvent qu'il est difficile pour chaque membre de l'équipe de reconnaître, soit qu'il ne sait pas répondre, soit que la réponse est « je ne sais pas ».
Le deuxième enjeu est de voir comment les membres progressent dans le partage des représentations/interprétations qu'ils se font du texte. Dans ce partage des représentations se noue la question de la gestion du conflit ou du consensus. L'enjeu pour les membres de l'équipe est donc d'intégrer et de reconnaître la représentation qu'ont les autres de la réalité.
Enfin, cet exercice conduit les acteurs à prendre de la distance par rapport à leur système de représentation. Le coaching d'équipe est toujours une opération qui vise le passage d'une vision individuelle et exclusive des problèmes dans laquelle chacun à son langage à une attitude de langage commun.
Le rôle du coach est toujours de hisser les personnes à une position méta dans laquelle elles parviennent à se *désidentifier* de leurs systèmes de représentations. Seule la position méta permet un réel dialogue.

Quelques conclusions de l'exercice

Notre expérience de l'animation de ce jeu nous amène à formuler quelques conclusions, elles-mêmes exprimées par les groupes qui y ont participé :

- le deuil est source de créativité ;
- nécessité de l'alliance après la réunion entre le leader et les « déçus » des décisions prises ;
- nécessité que chacun soit le plus au clair sur ses représentations du leader, du chef, de la hiérarchie ;
- pour être efficace, il faut avoir un leader fort et une méthode ;
- attention, il existe une grande différence entre le consensus et la vision commune partagée.

Passer d'une vision cloisonnée des situations et des enjeux à une vision partagée permet de construire l'équipe et sa performance.

Exercice

La caisse enregistreuse

1.	Un homme apparut après que le propriétaire eut éteint les lumières de son magasin.	V	F	?
2.	Le voleur était un homme.	V	F	?
3.	L'homme ne demanda pas d'argent.	V	F	?
4.	L'homme qui ouvrit la caisse enregistreuse était le propriétaire.	V	F	?
5.	Le propriétaire du magasin ramassa le contenu de la caisse enregistreuse et s'enfuit.	V	F	?
6.	Quelqu'un ouvrit la caisse enregistreuse.	V	F	?
7.	Après que l'homme qui avait demandé l'argent eut ramassé le contenu de la caisse enregistreuse, il s'enfuit.	V	F	?
8.	Alors que la caisse enregistreuse contenait de l'argent, l'histoire ne dit pas combien elle contenait.	V	F	?
9.	Le voleur demanda de l'argent au propriétaire.	V	F	?
10.	L'histoire concerne une série d'événements dans lesquels il n'est fait mention que de trois personnes : le propriétaire, un homme qui demanda de l'argent et un membre de la police.	V	F	?
11.	Les événements suivants sont vrais : quelqu'un demanda de l'argent, une caisse enregistreuse fut ouverte, son contenu fut ramassé, et un homme sortit en trombe du magasin.	V	F	?

> **Un homme d'affaires venait juste d'éteindre les lumières du magasin quand un homme apparut et demanda de l'argent. Le propriétaire ouvrit la caisse enregistreuse. Le contenu de la caisse enregistreuse fut ramassé et l'homme partit à toute vitesse. Un membre de la police fut informé rapidement.**

> **Affirmations à propos de l'histoire : « Pouvez-vous dire c'est vrai, c'est faux ou je ne sais pas ? »** ■

Outil 42 Le jeu du village

> Plus on a de pouvoir, moins on doit en abuser.
>
> **Sénèque**

En quelques mots

Le jeu du village est un exercice pédagogique et dynamique qui permet à une équipe de prendre du recul par rapport à son fonctionnement en mode projet et de décoder les jeux de pouvoir en son sein. En pratique, les participants sont amenés à construire la maquette d'un village convivial et prospère dans lequel ils aimeraient vivre. Pour ce faire, ils disposent de pièces de Lego et d'une grande feuille de papier. Chacun choisit un rôle dans une liste prédéfinie et doit le défendre pleinement. Un temps important de débriefing à l'issue du jeu permet à l'équipe de mieux se comprendre et d'améliorer son fonctionnement.

DÉCODER LES JEUX DE POUVOIR DANS UNE ÉQUIPE PROJET

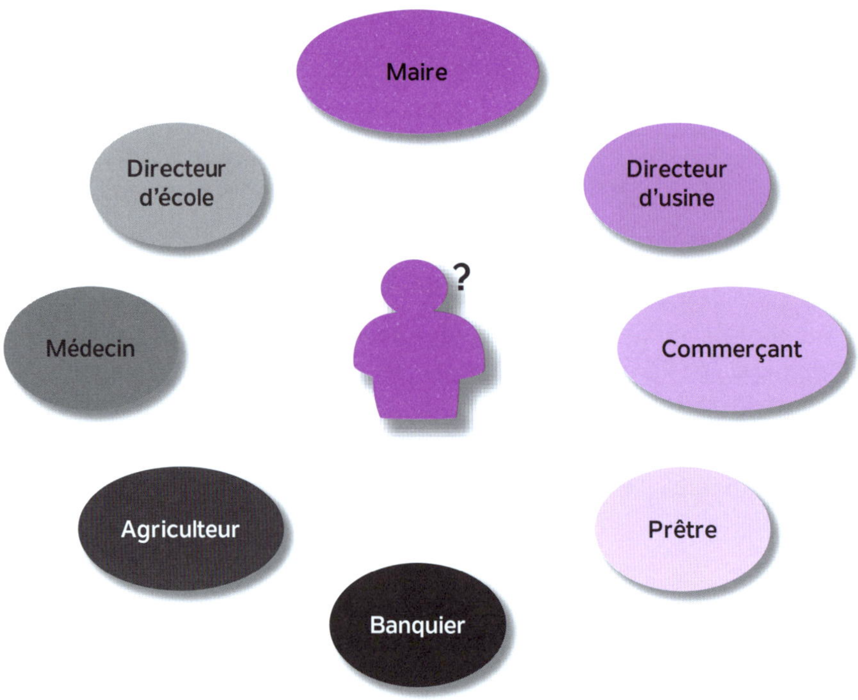

POURQUOI L'UTILISER ?

Objectifs

› Diagnostiquer les modes de fonctionnement d'une équipe lors de la mise en œuvre d'un projet.
› Décoder les jeux de pouvoir au sein d'une équipe.
› Renforcer la cohésion de l'équipe.

Contexte

Cet outil est pertinent pour des groupes de 9 à 12 personnes dont les membres se connaissent et travaillent ensemble, par exemple lors d'un séminaire de cohésion d'équipe.
Il peut également être utilisé pour des équipes en construction, ou pour des personnes qui ne se connaissent pas, comme lors d'une formation.

COMMENT L'UTILISER ?

Étapes

1. Introduction.
Le but du jeu est de construire en équipe une maquette d'un village convivial et prospère dans lequel vous aimeriez habiter. Les participants ont 40 minutes et doivent utiliser l'ensemble des pièces de Lego à leur disposition (150 pièces environ). Ils devront choisir un rôle parmi la liste proposée et le défendre pleinement : maire, directeur d'école, directeur d'usine, fermier, fermier bio, prêtre, châtelain, banquier, représentant des commerçants, adjoint du maire, médecin, pharmacien. L'équipe dispose de 10 minutes pour choisir les rôles et se préparer. Il est préférable de commencer par le choix du maire (voir page suivante).
2. Construction du village.
Pour construire la maquette du village, l'équipe s'organise comme elle l'entend pendant les 40 minutes imparties. Le coach et les observateurs n'interviennent pas et ne répondent à aucune question pendant ce temps.
3. Débriefing.
À l'issue du jeu, chacun dispose de 20 minutes pour se préparer. Chaque participant partage ses ressentis et analyses, puis les observateurs et le coach donnent leurs feedbacks.

Méthodologie et conseils

La consigne de créer un village convivial dans lequel les participants aimeraient vivre encourage les participants à partager leurs représentations d'un village idéal et à co-élaborer une vision commune avant de passer à la construction de la maquette. Dans le cas contraire, des tensions et incompréhensions peuvent apparaître pendant le jeu. Elles seront le cas échéant analysées à la fin de l'exercice.
La brièveté du temps imparti pour construire le village et les antagonismes naturels qui peuvent apparaître entre certains rôles créent la pression positive et les conditions nécessaires pour mettre en évidence les jeux de pouvoir au sein de l'équipe.
Pour le débriefing, il est préférable de désigner un observateur parmi les membres de l'équipe et de lui donner des consignes précises (voir questions du débriefing page suivante). Il est également possible de filmer l'exercice en vue de cette analyse finale. Dans ce cas, un accord préalable des participants est nécessaire.

Suite outil 42 →

Avant de vous lancer...

✓ **Se préparer à faire un apport théorique sur la métacommunication (voir outil 20), qui donnera à cet exercice toute sa dimension pédagogique.**

✓ **Se doter et doter les observateurs d'une seule et même grille d'analyse afin de simplifier le débriefing et les apprentissages.**

✓ **N'oubliez pas vos Lego ! Et tout matériel nécessaire à l'exercice.**

Le jeu du village

COMMENT ÊTRE PLUS EFFICACE ?

Le jeu du village est un excellent outil pour accélérer les prises de conscience sur les modes d'influence et les jeux de pouvoir au sein d'une équipe. Le coach doit faire preuve de pédagogie et clarifier si besoin les parallèles entre ce jeu et le vécu des participants dans la mise en œuvre des projets.

Effectuer le débriefing d'une façon optimale

Le débriefing commence par les questions d'ordre personnel (le vécu de chacun), puis sur l'analyse des interactions pendant le jeu. La fin de cette étape est consacrée aux apprentissages individuels liés au jeu. Voici quelques exemples de questions permettant un débriefing riche et complet :

- Vécu des participants : Pourquoi avez-vous choisi ce rôle ? Quel est votre vécu ? Vos ressentis ? Qu'est-ce qui vous a le plus surpris ?
- Analyse des relations et des jeux de pouvoir : Comment chaque participant a-t-il fait pour exercer son pouvoir ? Comment chacun a-t-il joué de son influence ? Y avait-il eu des alliances entre certains participants ? Qui a exercé un contre-pouvoir vis-à-vis du maire ? Comment ce contre-pouvoir s'est-il exercé ? Qui l'a soutenu ? Y a-t-il eu un bouc émissaire ou une victime parmi les participants ?
- Individu *versus* collectif : Quels ont été les participants les plus individualistes ? Quels ont été les participants les plus soucieux de l'intérêt général ? Au regard des objectifs du projet, quels participants ont été les plus utiles pour le groupe (ou ceux qui ont apporté les compétences les plus utiles au groupe) ?
- Organisation du travail : Est-ce que le groupe a défini une vision commune avant de passer à l'action ? Comment l'équipe a-t-elle géré son temps ? Qu'est-ce qui aurait pu rendre l'équipe plus efficace ?
- Est-ce que le village vous plaît ?
- Apprentissages individuels : Avez-vous déjà rencontré des situations du même type dans votre environnement professionnel ? Qu'avez-vous appris sur vous-même ? À la suite de l'exercice, y a-t-il des comportements que vous souhaiteriez changer ?

Porter un regard particulier sur le leadership du maire

Le maire est implicitement le chef de projet. Son style de leadership a donc une importance capitale et doit être particulièrement observé pendant l'exercice. Le cas échéant, le coach peut encourager un feedback spécifique vis-à-vis du maire à la fin de l'étape de débriefing :

- Comment le maire a-t-il géré les alliances dans le groupe ?
- Puis les participants s'expriment sur ce qu'ils auraient souhaité de la part du maire. Ce qu'ils ont apprécié dans son style de leadership et ce qui les a gênés.
- Les engagements qu'ils prendront vis-à-vis du maire, s'ils recommencent le jeu ?

Cas d'entreprise

Jeu du village au sein d'une équipe projet transverse

Contexte

Pour une grande entreprise du luxe, le jeu du village a été utilisé lors d'un séminaire de *team building* organisé pour une équipe projet transverse mise en place depuis quelques semaines. L'équipe était principalement composée d'experts en marketing et de responsables informatique.

Déroulement du jeu

L'équipe a encouragé son chef de projet à endosser le rôle du maire. Pendant le jeu, des alliances se sont créées et deux groupes se sont affrontés régulièrement sur les prises de décisions : d'un côté les agriculteurs en alliance avec l'instituteur et de l'autre les industriels en alliance avec le représentant de commerce.

Résultat

Lors du débriefing (et en lien avec leur projet d'entreprise), les participants ont évoqué la nécessité d'une vision commune et d'un processus de décision clair entre eux. Ils ont demandé à leur chef de projet un leadership plus affirmé et transparent sur les contraintes du projet. De leur côté, ils se sont chacun engagés à s'écouter plus et ouvertement, particulièrement lors des comités de pilotage. ■

6

DOSSIER

ÉTABLIR DES RELATIONS EFFICACES

“

Une équipe performante est une équipe dans laquelle chacun peut dire ses peurs et ses besoins et renoncer à avoir raison *a priori*.

Will Schutz

Travailler à la performance d'une équipe consiste toujours à accompagner l'équipe et ses membres dans l'amélioration de leurs capacités communicationnelles et relationnelles. Ainsi, mieux comprendre nos façons de communiquer, de se positionner dans un collectif et d'établir des liens, apprendre à nourrir une relation ou le cas échéant à la réparer, sont les compétences au cœur de la performance d'équipe et de *l'Intelligence Collective*.

Comprendre nos façons d'interagir et de se positionner dans un groupe

Certains exercices de groupe impliquants et analogiques permettent des prises de conscience sur son propre positionnement au sein de l'équipe et de pouvoir ensemble communiquer sur celles-ci. Ces prises de conscience sont une modalité extrêmement puissante pour provoquer des changements durables.

Les exercices de la baguette et de la sculpture de chaussures (outils 43 et 44) sont à cet égard d'excellents révélateurs pour chacun et pour le groupe, en même temps qu'ils fournissent un excellent support de « métacommunication ».

Réguler et nourrir les relations au sein de l'équipe

Afin d'être la plus efficace possible, une équipe doit avoir le soin de :

› L'inclusion de ses membres.

› Créer de la valeur (objet de l'entreprise !) pour contribuer à la mission de l'entreprise.

› Se doter de processus de régulation afin de sortir de ce que l'on appelle le « syndrome de l'évitement amical ». Ce syndrome consiste à éviter les sujets qui fâchent en « mettant la poussière sous le tapis ».

Pour la régulation, pratique des plus difficiles en entreprise, nous proposons 3 outils :

› L'outil 45, qui permet de nettoyer les éventuelles blessures relationnelles qui empêchent les membres d'une équipe de collaborer pleinement.

› L'outil 46, qui traite de l'économie des signes de reconnaissance au sein de l'équipe et permet de manière simple, ludique et authentique de la renforcer.

› L'outil 47, pour partager au sein d'un groupe les attentes de chacun de ses membres.

Les outils

Outil 43

Les baguettes

> "Si je me permets de comprendre vraiment une autre personne, il se pourrait que cette compréhension me fasse changer.
>
> **Carl Rogers**

En quelques mots

L'exercice des baguettes est un jeu pédagogique très largement diffusé par Vincent Lenhardt et conceptualisé par Alain Cardon dans son ouvrage *Jeux pédagogiques et analyse transactionnelle* (Éditions d'organisation, 1981). Cet outil, utilisé en coaching collectif, permet l'analyse des relations à l'intérieur d'un groupe et le positionnement de chacun en son sein. Pour cela, les participants vont devoir se tenir par deux et en silence pendant trois minutes.

COMPRENDRE LE POSITIONNEMENT DE CHACUN DANS L'ÉQUIPE

POURQUOI L'UTILISER ?

Objectifs

› Mettre à jour les règles de fonctionnement implicites entre les membres d'une équipe.

› Permettre la prise de conscience des participants quant à leur positionnement dans l'équipe et leur façon d'interagir avec les autres.

› Favoriser l'adoption de nouveaux modes de fonctionnement plus coopératifs, plus appropriés et plus efficaces.

Contexte

Cet outil s'utilise en séminaire dans le cadre du coaching d'une équipe constituée.

COMMENT L'UTILISER ?

Étapes

1. Description et consignes de l'exercice.

L'objectif de l'exercice est « d'explorer la relation entre participants au travers des baguettes ». Pour cela, les participants devront, au signal du coach, choisir un partenaire pour travailler en binôme et se placer face à face en tenant entre eux et à hauteur d'épaule, du bout de leurs index, deux baguettes en bois (type baguettes chinoises).

2. Mise en situation.

Pendant 3 minutes, les participants pourront se mouvoir et agir comme ils le souhaitent mais devront **impérativement** rester en relation avec leur binôme sans communiquer verbalement. L'exercice se fait en silence. À l'issue des 3 minutes, le coach indique aux participants de changer de partenaire pour refaire le même exercice avec une autre personne.

3. Exploitation et débriefing de l'exercice.

Après ces deux cycles de 3 minutes, le coach va proposer une trame de réflexion aux membres du groupe. L'objectif de cette trame est de permettre à chacun de prendre conscience de son propre comportement et qu'il réalise qu'il existe d'autres options possibles ou encore d'autres stratégies relationnelles. Pour cela, après une réflexion silencieuse, chacun va s'exprimer sur les points suivants :

- Comment ai-je vécu cet exercice ? Comment ai-je vécu le silence ?
- Quelle a été ma stratégie pour choisir mes partenaires ? Par exemple, ai-je attendu qu'on me choisisse ? Suis-je allé vers ceux que je connais le mieux ou le moins ? Qu'ai-je évité ?
- Quelle a été mon attitude pendant les 3 minutes ? Ai-je dirigé le binôme ? Me suis-je laissé diriger ? Ai-je accompagné ou subi les mouvements de mon partenaire ? Me suis-je senti obligé ou contraint ?
- Ai-je été *a priori* dans la coopération ou dans la compétition ?
- Comment aurais-je pu faire autrement ? Quelles autres options pourrais-je envisager ?

4. Clôture de l'exercice.

Le coach clôt l'exercice en laissant chacun à ses pistes de réflexion et d'amélioration et en proposant d'être attentif au fonctionnement post-séminaire de l'équipe.

Méthodologie et conseils

Le coach doit être vigilant aux feedbacks qui pourraient laisser place à des jugements entre participants.

Suite outil 43 →

Avant de vous lancer...

✓ Se préparer à un apport théorique sur la relation et sa modélisation par les baguettes afin d'éviter l'effet « jeu gadget » et au contraire montrer toute la dimension révélatrice de cet exercice.

✓ Ne pas hésiter à faire une démonstration de l'exercice entre membres de l'équipe de coachs afin de montrer toute la puissance de l'exercice et du débriefing.

Les baguettes

COMMENT ÊTRE PLUS EFFICACE ?

La réussite de cet exercice nécessite que le coach et l'équipe soient vigilants à la qualité des feedbacks des participants et à la prise en compte de « l'effet système ».

Un feedback n'est pas un jugement

Pour éviter que l'exercice ne se transforme en jugement des « mauvais comportements » des membres de l'équipe et que, de ce fait, il n'inhibe plus ces derniers qu'il ne les incite à explorer de nouvelles façons d'interagir, il est important que le coach insiste sur les éléments suivants :

- les perceptions qui seront renvoyées aux autres en feedback ne définissent pas ces derniers en tant qu'individus mais sont plutôt des interprétations possibles de leur personnalité qu'il leur serait utile de considérer ;
- c'est à chaque participant de tirer ses propres conclusions de l'exercice et de les partager s'il le souhaite avec l'équipe.

Dans ce sens, le coach doit veiller à ce que toutes les interprétations des comportements observés lors de l'exercice soient exprimées, mais de façon à ce qu'aucune d'entre elles ne soit définie comme la bonne ou la meilleure interprétation.

Tenir compte de l'effet système

Toujours dans l'optique de favoriser des feedbacks de qualité et non jugeants pour les participants, il est important de tenir compte de ce que l'on appelle « l'effet système » avant d'interpréter un vécu relationnel comme c'est le cas dans l'exercice des baguettes.

On peut expliquer cet « effet système » par le fait que lorsqu'un individu entre en relation avec un autre, il y a création d'un système et que les conclusions qui pourraient être tirées concernant le déroulement de cette relation décrivent plus la relation que les individus qui en font partie. Dans ce sens, on constate qu'une personne agit d'une manière totalement différente dans une situation similaire mais dans un autre lieu ou avec un autre partenaire.

Cet outil permet aux participants d'avoir accès à leurs stratégies relationnelles automatiques et répétitives, qui peuvent mériter réflexion si elles sont inappropriées dans le contexte de l'équipe.

Mettre à jour ses modes d'interaction avec autrui permet de s'offrir de nouvelles options d'action.

Cas d'entreprise

Des baguettes dans un comité de direction

CONTEXTE

Suite à une importante restructuration, le comité de direction d'une compagnie d'assurance française de premier plan a décidé d'être accompagné par un coach pour renforcer la confiance et la coopération en son sein. Aux dires de chacun des membres de l'équipe reçus en entretien, le fonctionnement de l'équipe s'est en effet retrouvé fortement modifié après la restructuration : des comportements de méfiance et défensifs notamment vis-à-vis du directeur ont été fréquemment observés. L'exercice des baguettes a été proposé.

RÉSULTAT

L'analyse par les participants de leur propre comportement au cours de l'exercice a permis de mettre à jour et de discuter le sentiment d'insécurité et de peur qui prévalait depuis la restructuration.

Cette libération de la parole de chacun a permis au directeur de clarifier sa stratégie et ses intentions et ainsi de rassurer l'équipe. ■

Outil 44 La sculpture de chaussures

> “
> *Quand on se parle à demi-mot, on ne se comprend qu'à moitié.*
>
> **Expression française**

En quelques mots

La sculpture de chaussures est un outil utilisé dans le cadre d'un coaching collectif pour comprendre et analyser le comportement et le positionnement des acteurs par rapport à un projet, à l'entreprise ou à l'objectif du groupe. Du fait de la distanciation qu'il occasionne, cet outil permet également d'aborder les éventuelles difficultés relationnelles au sein du groupe. En pratique, le coach va placer une grande feuille de papier (format A0) qui représentera le projet ou l'objectif du groupe et demander à chacun des membres du groupe de poser sa chaussure sur cette feuille. L'analyse de la sculpture ainsi réalisée et du positionnement de chaque chaussure dans l'espace de la feuille permet de lever nombre de malentendus et non-dits et souvent de débloquer l'énergie du groupe.

METTRE À JOUR LE POSITIONNEMENT
DE CHACUN DANS UN PROJET OU UNE ÉQUIPE

POURQUOI L'UTILISER ?

Objectifs

- Expliciter le rôle et le positionnement des membres d'une équipe par rapport à un projet.
- Traiter les non-dits au sein de l'équipe.
- Renforcer de la cohésion de l'équipe.

Contexte

Cet outil est particulièrement adapté en coaching d'équipe lors de l'émergence de difficultés ou de blocage dans la poursuite d'un projet.

COMMENT L'UTILISER ?

Étapes

1. Explication des règles.
Le coach pose une feuille de grand format sur le sol et explique que cet espace va représenter le projet poursuivi par l'équipe. Après un temps de réflexion en silence, chacun devra poser une de ses chaussures sur la feuille. Cette chaussure représente le rôle et le positionnement que le participant pense avoir dans le projet. Chacun pose ainsi sa chaussure à tour de rôle sans expliquer les motivations qui sont les siennes ni la représentation qu'il se fait de l'espace.

2. Réalisation.
Chacun pose sa chaussure, sans ordre établi.

3. Exploitation sous forme de métacommunication (voir outil 20).
Chaque participant donne un feedback sur la perception qu'il a de l'ensemble constitué de toutes les chaussures, puis de son positionnement et de la signification du positionnement de sa chaussure sur la feuille. Le coach s'assure que les autres membres du groupe gardent bien le silence et évite qu'ils n'entrent dans une discussion.

4. Adaptation.
À l'issue de l'étape précédente, le coach va proposer aux participants de revoir la position de leur chaussure. Il se peut en effet que l'écoute mutuelle des participants ait clarifié un certain nombre de non-dits générant une révision des positions de chacun. Chaque participant repose donc sa chaussure au même endroit ou différemment.

5. Clôture de l'exercice.
Le coach va de nouveau proposer aux participants de communiquer sur leur ressenti, la vision qu'ils ont de l'ensemble et sur leur positionnement : A-t-il changé ? est-il resté le même ? Si oui, pourquoi ? À l'issue de cette dernière communication, le coach clôt l'exercice en faisant la synthèse des apprentissages de l'exercice et des non-dits qui ont été clarifiés.

Méthodologie et conseils

Cet exercice nécessite de la part du coach une grande pédagogie et fermeté dans les consignes. On évitera ainsi que l'exercice ne soit pris trop à la légère et que les personnes ne le vivent comme un simple jeu, sans lien avec l'actualité de l'équipe. ■

Avant de vous lancer...

✓ Assurez-vous de l'état des relations entre les participants. Il sera dans certains cas nécessaire de traiter en priorité les conflits larvés avant de vous lancer dans cet exercice.

✓ Être prêt à nommer les « évidences » : des chaussures « hors feuille » que tout le monde ferait mine de ne pas voir, par exemple.

✓ Prévoyez un temps de débriefing suffisant pour traiter les imprévus.

Outil 45 Le décollage de timbres

> “ Boucler les communications inachevées pour en libérer le poids.
>
> **Jacques de Panafieu**

En quelques mots

Le décollage de timbres est un outil issu de l'analyse transactionnelle, et utilisé en coaching collectif. Il permet aux membres d'une équipe de se libérer des griefs qui encombrent leurs relations et brident leur performance. L'expression « décollage de timbre » provient de l'analogie avec les collections de timbres des épiciers des années 50. Ces derniers offraient un timbre à leurs clients à chaque achat, pour finalement les récompenser d'un gros lot une fois leur carnet rempli. Cet outil permet donc aux membres d'une équipe de se libérer des « timbres émotionnels » qui grippent leurs relations et ainsi d'éviter les conflits.

FACILITER LE FONCTIONNEMENT DE L'ÉQUIPE EN LA LIBÉRANT DES NON-DITS ENTRE SES MEMBRES

POURQUOI L'UTILISER ?

Objectifs

› Libérer les membres d'une équipe de non-dits et de griefs entre eux.
› Améliorer la coopération au sein d'une équipe.
› Contribuer par une communication et une relation rétablies à la performance collective de l'équipe.

Contexte

Cet outil s'utilise dans le cadre de sessions collectives spécialement prévues pour cet exercice.

COMMENT L'UTILISER ?

Étapes

1. Le coach pose le cadre de l'exercice.
Il présente le concept de timbre émotionnel, à savoir qu'à chaque fois qu'un grief n'est pas clarifié, il risque de se stocker sous forme d'émotion qui va bloquer la relation entre les personnes concernées. Il pose le cadre de l'exercice qui doit se dérouler dans un climat de bienveillance. Chacun doit notamment parler en son nom et utiliser pour cela le « je ». Il expose enfin les différentes étapes de l'exercice.

2. Temps d'introspection.
Chaque membre du groupe est invité à réfléchir aux émotions négatives ou griefs qu'il a « stockés » vis-à-vis d'un autre.

3. Accord de l'interlocuteur.
Chaque personne va rencontrer un autre membre du groupe pour lui demander si elle est d'accord pour clarifier une situation qui les concerne.

4. Description du « timbre ».
Le participant décrit le grief en prenant soin de bien dissocier la situation qu'il décrit de son ressenti. L'outil OSBD (voir outil 27) pourra être utilisé pour cela.

5. Validation.
Après description, le participant va pouvoir vérifier auprès de son interlocuteur s'il ne s'agit pas d'un simple malentendu. Peut-être que le problème décrit n'est en fait qu'une mauvaise interprétation. Dans ce cas, l'exercice s'arrête là pour le participant qui va tout de même être fort soulagé de cette clarification.

6. Clarification.
Dans le cas contraire, l'interlocuteur va pouvoir s'exprimer sur la situation décrite et donner sa perception de la situation.

7. Demande.
Si besoin, le participant termine l'exercice en faisant une demande à son interlocuteur qui pourra y répondre favorablement ou non.

Méthodologie et conseils

Le coach rappelle en début d'exercice que le « décollage de timbres » vise en premier lieu à se faire du bien à soi et non à changer l'autre. Le faisant d'abord pour soi, chaque personne va se libérer d'un poids qui l'encombre et libérer le potentiel de sa relation aux autres. ■

Avant de vous lancer...

✓ Avant cet exercice, impérativement vérifier que chaque membre de l'équipe souhaite toujours collaborer et qu'aucune relation n'a atteint un niveau de dégradation irréversible.

✓ Ne pas confondre « régulation » et « résolution de conflit » ! Si des relations sont rompues, prévoir un travail préalable sur les conflits.

Outil 46 Le petit télégraphiste

“

Nous habitons dans des maisons dont les murs sont des miroirs et nous croyons voir dehors.

Frederick Perls

En quelques mots

Le petit télégraphiste est un outil issu de l'analyse transactionnelle et utilisé en coaching d'équipe. Il s'agit de créer un temps au sein de l'équipe au cours duquel ses membres vont reconnaître les qualités de leurs pairs, les aspects positifs de leur travail et de leurs relations. Chaque participant devra donner des signes de reconnaissance à ses pairs et en recevra à son tour. L'objectif est de sortir de la pénurie de signes de reconnaissance et de renforcer la cohésion de l'équipe.

RECONNAÎTRE LES POINTS FORTS DE CHACUN POUR RENFORCER LES LIENS

POURQUOI L'UTILISER ?

Objectifs

› Renforcer la cohésion de l'équipe.
› Favoriser un mode de fonctionnement positif qui consiste à aussi reconnaître ce qui va bien.
› Faciliter l'échange de feedbacks négatifs car on dit aussi le positif.
› Développer la culture du feedback au sein de l'équipe.

Contexte

Cet outil s'utilise exclusivement en séminaire, plus généralement pour des équipes constituées d'une dizaine de personnes. On peut aussi le mettre en œuvre pour des groupes (qui ne travaillent pas ensemble au quotidien) mais l'intérêt dans ce cas est moindre car la répercussion après le séminaire sera moins importante.

COMMENT L'UTILISER ?

Étapes

1. Introduction.
Le coach donne les règles de l'exercice. Les participants devront respecter 3 règles. Ils devront être sincères et avoir réellement observé la qualité qu'ils vont reconnaître chez un autre. Ils devront être simples. Pour être reçu par l'interlocuteur, le signe de reconnaissance doit être simplement exprimé. L'ironie ou les messages cachés sont proscrits.

2. Temps de réflexion individuelle préalable.
Pendant 40 minutes, chaque participant rédige sur un carton une qualité qu'il reconnaît à chacun de ses pairs. Si cette qualité est conditionnelle, c'est-à-dire relative à des faits, les personnes écriront sur leur carton « ce que j'ai apprécié chez toi, c'est… » et devront circonstancier cette qualité : quand l'ont-ils observée ? Où ? À quelle occasion ? Et signeront le carton. Si cette qualité est inconditionnelle, c'est-à-dire relative à « qui est la personne », les participants écriront alors « ce que j'apprécie chez toi, c'est… » et signeront le carton.

3. Temps de distribution.
Une fois que chacun a fini de remplir ses cartons, les participants vont se rencontrer en suivant les consignes suivantes :

- Celui qui donne un signe de reconnaissance doit le dire en regardant son interlocuteur (et non en lisant le carton), puis remet le carton à son interlocuteur.
- Celui qui reçoit le signe de reconnaissance prend le temps de l'accueillir en respirant et passe sans répondre à un autre participant. Il ne « rend » pas immédiatement le signe de reconnaissance à son interlocuteur pour éviter de se couper de son émotion. Il le retrouvera à un autre moment.

4. Fin de l'exercice.
Le coach clôt l'exercice une fois que chacun a reçu ses signes de reconnaissance en évitant de trop prolonger pour laisser chacun à son émotion.

Méthodologie et conseils

Cet exercice est très puissant lorsqu'il vient clore un travail où les membres de l'équipe ont eu à se confronter ou à discuter âprement d'idées ou d'options les concernant. Il vient ainsi rétablir la confiance mutuelle après l'opposition nécessaire.

Suite outil 46 →

Avant de vous lancer…

✓ Traiter les conflits au sein de l'équipe avant de proposer cet exercice.

✓ Prévoir cet exercice en fin de *team building* ou de coaching d'équipe afin de bénéficier de tout le travail préalable sur l'inclusion et le contrôle au sein de l'équipe.

Le petit télégraphiste

COMMENT ÊTRE PLUS EFFICACE ?

Pour aller plus loin dans cet exercice, il est important de le rendre solennel et d'expliciter aux participants les points clés.

Ritualiser la présentation de l'exercice

Certains participants pourraient trouver l'exercice inhabituel, voire difficile. Pour les aider, le coach doit poser le cadre et décrire les consignes d'une manière solennelle, claire et précise. Il peut également montrer l'exemple en faisant l'exercice avec un participant.

Expliquer aux participants deux éléments majeurs

Tout discours est autoréflexif. La sémantique générale a depuis bien longtemps mis en évidence qu'on ne peut reconnaître chez un autre qu'une qualité que l'on a soi-même, et ce, même si on n'en a pas conscience !
Autrement dit, tous les signes de reconnaissance qui sont distribués lors de cet exercice correspondent aussi aux qualités de celui qui les donne.
Le rappeler en fin d'exercice donne une nouvelle dimension à ce dernier : en « reconnaissant » l'autre, *in fine* je me reconnais moi-même.
Nous sommes mus par nos croyances. Un autre élément important est de comprendre le lien entre nos croyances et la réalité à laquelle nous pouvons avoir accès. En effet, les travaux de Paul Watzalwick notamment, montrent la causalité entre les croyances d'une personne et ce qu'elle peut percevoir du réel.
Un exemple trivial : si un dirigeant pense que sa secrétaire est incompétente, il va inconsciemment sélectionner dans les comportements de cette dernière ceux qui vérifient sa croyance.

Se montrer discret pendant l'étape de distribution

L'expérience montre que certains participants conservent les cartons reçus par leurs pairs pendant des années. En effet, l'étape de distribution constitue le plus souvent un moment fort et plein d'émotions pour les membres de l'équipe. Dans cette étape, le coach a tout intérêt à être discret et laisser les participants profiter de ces instants.
Travailler sur les signes de reconnaissance positifs revient à augmenter la capacité des acteurs à percevoir le positif et à renforcer leurs pairs dans leurs qualités.

Auto-évaluation

Mon économie en signe de reconnaissance

Signe de reconnaissance conditionnel

Signe de reconnaissance inconditionnel

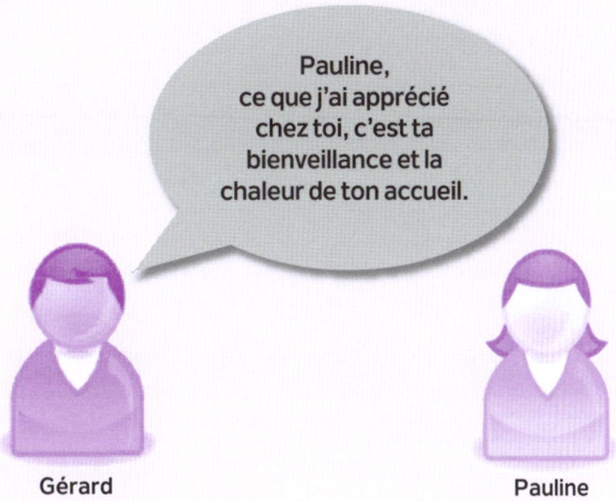

1. Est-ce que je sais donner des signes de reconnaissance positifs ?

› **Conditionnel** : donner un exemple de votre vécu récent
› **Inconditionnel** : donner un exemple de votre vécu récent

2. Est-ce que je sais recevoir des signes de reconnaissance positifs ?

› **Conditionnel** : donner un exemple de votre vécu récent
› **Inconditionnel** : donner un exemple de votre vécu récent

3. Est-ce que je sais demander des signes de reconnaissance positifs ?
› **Conditionnel** : donner un exemple de votre vécu récent
› **Inconditionnel** : donner un exemple de votre vécu récent

4. Est-ce que je sais refuser des signes de reconnaissance positifs ?

› **Conditionnel** : donner un exemple de votre vécu récent
› **Inconditionnel** : donner un exemple de votre vécu récent

5. Est-ce que je sais me donner des signes de reconnaissance positifs ?

› **Conditionnel** : donner un exemple de votre vécu récent
› **Inconditionnel** : donner un exemple de votre vécu récent

Outil

47 La chaise chaude

> “ Il ne suffit pas de parler, il faut parler juste.
>
> **William Shakespeare**

En quelques mots

La chaise chaude est un outil permettant de lever les non-dits, résoudre les conflits et améliorer les relations au sein d'une équipe. En pratique, un collaborateur se place sur une chaise en face des autres et reçoit des feedbacks suivant une modalité d'animation gérée par le coach, puis répond au groupe. Tous les participants passent par le même processus d'échange. Grâce à cet outil, un groupe peut expérimenter l'ouverture et le non-jugement : c'est-à-dire parler ouvertement et sans détour des problèmes sans pour autant critiquer les autres.

GÉRER UN PROCESSUS DE RÉGULATION AU SEIN D'UNE ÉQUIPE

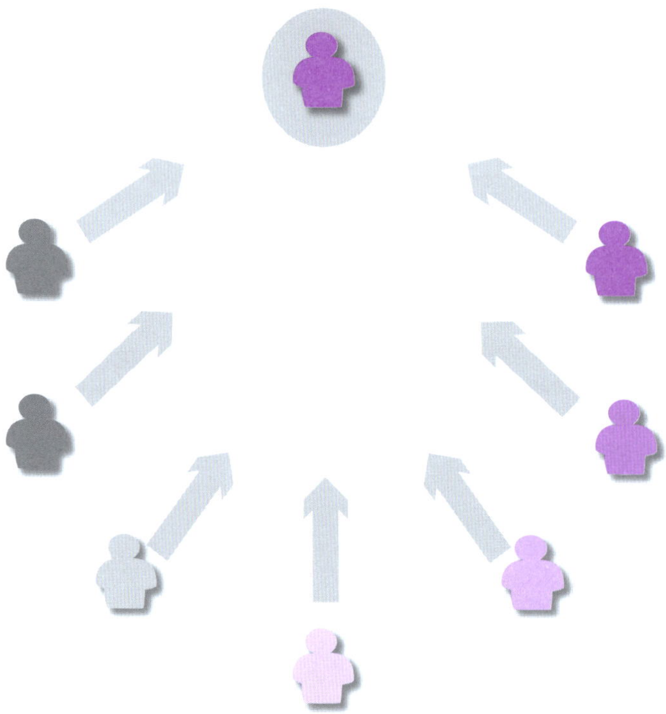

POURQUOI L'UTILISER ?

Objectifs

› Lever les non-dits et les malentendus.
› Apprendre à réguler et à résoudre les conflits au sein d'une équipe.

Contexte

Particulièrement pertinent pour des équipes de moins de dix personnes, cet outil est utilisé lorsque les blocages et conflits d'une équipe freinent sa performance.

COMMENT L'UTILISER ?

Étapes

1. **Introduction :** les chaises sont placées en demi-cercle sans table. Une chaise supplémentaire (la chaise chaude) est placée en face des autres. Le coach présente le déroulement et propose les règles du jeu : s'exprimer d'une manière simple et synthétique ; être direct (pas de dérision, pas de second degré ni de messages cachés) ; être sincère et bienveillant : profiter de l'occasion pour se dire les choses (pas d'évitement) tout en restant bienveillant (sans rentrer dans le jugement).
2. **Préparation individuelle :** les participants disposent d'un temps de réflexion individuelle pour préparer leurs feedbacks à l'attention des autres membres de l'équipe.
3. **Échanges :** un collaborateur se met sur la « chaise chaude » (en posture de récepteur). Un par un, les membres de l'équipe lui font un feedback structuré autour des points suivants : ce qui j'apprécie en toi ou ce qui va bien entre nous d'un point de vue relationnel et opérationnel ; ce qui va moins bien, ce qu'il faut améliorer chez toi ou entre nous (s'appuyer sur des faits sans jugements puis décrire les conséquences et les sentiments provoqués chez la personne) ; ce que je te demande (factuellement) ; ce que je t'apporte ou en quoi je suis prêt à t'aider.
Lors des présentations, le récepteur écoute, prend des notes et peut poser des questions de clarification mais ne rentre pas dans un débat ou dans la justification. À la fin de la séquence, le récepteur prend un temps de préparation puis restitue à l'équipe :
• Comment je vis ce que l'on m'a dit ?
• Globalement la synthèse de ce que j'ai entendu : points positifs et ce que vous demandez.
• Spécifiquement ce que telle ou telle personne me demande, c'est... (sur les points majeurs).
• Nous pouvons travailler ensemble sur les sujets suivants...
• Je m'engage à... (étape recommandée mais non obligatoire).
Puis, un autre participant s'installe sur la chaise chaude. L'ensemble des participants prend cette posture pendant le processus.
4. **Clôture :** le coach propose un tour de parole où chacun va pouvoir communiquer son ressenti sur ce que l'exercice lui a apporté dans son rapport au groupe.

Méthodologie et conseils

Étant donné le caractère impliquant et parfois difficile de la chaise chaude, il peut être pertinent de commencer l'expérience par un exercice de cohésion d'équipe.

Suite outil 47 →

Avant de vous lancer...

✓ S'assurer au préalable que les conflits entre les individus ne soient pas « irréversibles » et que les participants souhaitent résoudre leurs problèmes de fonctionnement en toute sincérité.

✓ Ne pas forcer l'exercice en cas de refus de tout ou partie de l'équipe. Dans ce cas, il s'agit de se centrer sur ces résistances et sur leur signification.

La chaise chaude

COMMENT ÊTRE PLUS EFFICACE ?

La chaise chaude constitue un moment marquant et parfois difficile pour une équipe qui met à plat ses difficultés. Afin de réussir cet exercice, le coach doit rester ferme sur le respect de sept principes majeurs et recadrer les participants en cas de besoin. Dans le cas contraire, cet exercice pourrait avoir des impacts négatifs pour le groupe.

Observer la transparence

Sans rentrer dans le diktat du « on se dit tout », le coach encourage les membres de l'équipe à communiquer « deux à deux » devant le groupe et mettre à plat l'ensemble des relations bilatérales. Il contribue ainsi à mettre tout le monde au même niveau d'information.

Écouter les autres

Le récepteur ne doit pas rentrer dans un débat, une explication ou une justification vis-à-vis d'un participant ou vis-à-vis du groupe. Il peut prendre des notes et restituer au groupe ce qu'il a compris à la fin des échanges.

Construire sur le positif

Il est recommandé de commencer les échanges de la chaise chaude par les feedbacks positifs, et ainsi permettre au groupe de construire sur ce qui va bien. Le coach est attentif à ce que les participants ne passent pas trop vite cette étape majeure. De préférence, ces feedbacks sont étayés par des faits.

Parler vrai sans rentrer dans le jugement

Sortir du jugement et des critiques non constructives et trouver d'autres façons de communiquer constituent des acquis majeurs de l'outil « chaise chaude ». La vigilance du coach est donc particulièrement importante sur cet aspect, notamment lors des premiers passages, quand le groupe n'a pas encore intégré ces notions. Il est en effet fréquent d'observer une surprise ou de la frustration de la part de certains participants : nous sommes ici pour exprimer ce qui ne va pas, comment ne pas juger l'autre ? Pour aider les participants, le coach peut donner des exemples et expliquer concrètement comment traduire les critiques et jugements en termes de *demandes claires et spécifiques*.

Ne pas chercher d'emblée des solutions mais parler des problèmes

L'objet premier de l'exercice n'est pas de trouver des solutions mais de parler des problèmes et de lever les non-dits. Dans ce sens, le coach est très vigilant à ce que les participants ne proposent pas de solutions d'une façon précipitée. À la fin des échanges, le groupe peut se fixer d'autres rendez-vous de travail pour aborder les solutions et mettre en œuvre des plans d'actions.

Respecter la parité

Comme pour les autres exercices de dynamique de groupe (comme l'outil 36), pour éviter de donner une place particulière au dirigeant, il est important que celui-ci ne se présente ni en premier ni en dernier.

Garder une dynamique forte

Le coach doit être attentif à conserver la dynamique et l'intensité des échanges. Dans ce sens, il est recommandé de ne pas faire de longues pauses (par exemple une pause déjeuner) au milieu de ce travail.

Par ailleurs, le coach doit s'attendre à un temps de passage plus long pour les premiers participants du fait de la nouveauté du processus.

Environ une journée de travail collectif est nécessaire pour une équipe de dix personnes.

Cas d'entreprise

Résolution de conflits au sein du département Corporate Finance d'une banque d'affaires

© Jonathan D'Mello – The Noun Project.com

Contexte

Dans un environnement mouvant et concurrentiel, l'équipe de direction du département *Corporate Finance*, constituée de 3 associés seniors, a du mal à trouver des accords sur la stratégie à adopter à moyen terme. Par ailleurs, les associés sentent des problèmes de motivation et des frustrations au sein du premier cercle depuis quelques mois.

Résultat

L'outil chaise chaude a permis aux participants d'aborder et de clarifier pour la première fois en groupe, l'ensemble des problématiques du département. Les associés ont pris conscience des conséquences de leurs désaccords et ont décidé de clarifier deux éléments : la vision à moyen terme et les règles de cooptation des associés parmi les membres du premier cercle. ■

7
DOSSIER

CONSTRUIRE UN COLLECTIF PERFORMANT

“

La force d’une chaîne ne vaut que
par son maillon le plus faible.

Ce dossier a beaucoup évolué au fil des éditions afin de tenir compte de l'évolution des demandes de coaching collectif. En effet, les coachs ont de plus en plus de demandes d'accompagnement de très grands groupes. Les objectifs étant de promouvoir le partage « actif » de l'information, la co-construction de grands projets (ou au moins la contribution au plus grand nombre à ceux-ci), et enfin la rencontre du plus grand nombre au cours d'un même événement fédérateur.

Ce dossier intègre ainsi les outils liés à cette nouvelle demande aux outils classiques que l'on peut classer en 3 catégories :

- Les outils visant à co-construire les finalités d'une équipe.
- Les outils dont l'objet est le renforcement de l'Intelligence Collective.
- Les outils utilisables pour les grands groupes.

Les outils pour co-construire les finalités

L'outil 29 (dossier 5), a montré qu'une façon de créer une équipe performante consistait à doter celle-ci d'une culture de l'Intelligence Collective, comprenant notamment le « partage de représentations » ainsi qu'une vision partagée co-élaborée avec l'ensemble de l'équipe, voire au-delà.

Les outils 48 et 50 vous permettront d'accompagner toute équipe de direction dans ce sens, avec en sus la possibilité de travailler sur leur domaine d'excellence grâce à l'outil 51.

Renforcer l'Intelligence Collective

L'accompagnement des groupes et des équipes doit toujours être mené dans un souci de développer leur plus haut niveau d'autonomie et de stimuler au maximum la collaboration et l'auto-organisation en son sein.

Pour cela, les outils 52 et 53 seront très utiles, en ce qu'ils permettent aux acteurs, facilités par le coach, de développer l'entraide et la contribution de chacun au collectif.

Accompagner les grands groupes

Pour avoir un sens, l'accompagnement des grands groupes doit se faire dans une modalité qui permette l'échange et les fertilisations croisées. Pour cela, les processus des outils 49, 54 et 55 seront très utiles car en plus du « brassage de personnes », ils favorisent une contribution réelle de chacun aux enjeux de l'entreprise.

Les outils

Outil 48 Le partage des représentations

> “ La règle d'or de la conduite est la tolérance, car nous ne verrons qu'une partie de la vérité sous des angles différents.
>
> **Gandhi**

En quelques mots

Le partage des représentations est un outil permettant aux membres d'une équipe de mieux se comprendre mutuellement, d'accroître le niveau de contribution de chacun et *in fine* d'améliorer la performance collective. Il est particulièrement utile dans des contextes de résolution de problèmes opérationnels et de gestion de conflits.
Le partage des représentations s'articule autour de trois temps forts : **« réflexion individuelle »** où les participants structurent leurs pensées, **« partage »** au cours duquel le groupe écoute les idées de chacun sans débattre puis **« construction »**, où le groupe est amené à trouver des solutions communes.

GÉNÉRER UNE DYNAMIQUE POSITIVE
DE COMPRÉHENSION MUTUELLE ET DE COLLABORATION

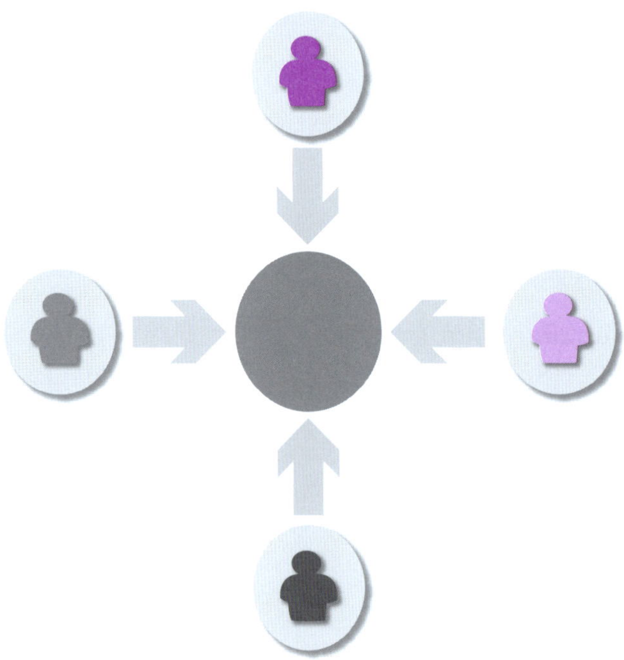

POURQUOI L'UTILISER ?

Objectifs

› Gérer les échanges entre les membres d'une équipe.
› Appréhender plus sereinement et avec efficacité le travail en groupe.
› Générer une synergie positive et un esprit de coopération entre les participants.

Contexte

Dans certaines réunions, il est fréquent d'observer des participants qui se précipitent dans la discussion et coupent la parole des autres sans vraiment écouter. Certains ateliers de travail peuvent même se transformer en un affrontement où le plus important est d'avoir raison au lieu de trouver des consensus pour le bien commun.
Cet outil est particulièrement pertinent lors de réunions de travail traitant des sujets tels que : diagnostic d'un problème opérationnel et recherche de solutions, résolution de conflit, réflexion sur la vision, rencontres multiculturelles, etc.
Il est également utile de partager cet outil lors de coachings individuels pour des clients qui ont besoin de développer leur compétence en gestion des groupes.

COMMENT L'UTILISER ?

Étapes

1. **La réflexion individuelle préalable** est un moment de silence pendant lequel chacun est amené à structurer sa pensée autour des questions posées par le coach. Le coach demande aux participants de formaliser leurs réflexions sur une feuille de *paperboard* pour les présenter aux autres.
2. **Le partage.**
Chacun communique ses réflexions au groupe. Pendant ce partage, les autres participants restent dans une posture d'écoute active. Seules les questions de clarification et de reformulation sont admises. Au début de cette étape, il est courant d'observer des écarts majeurs dans la perception d'un problème et des solutions envisagées ou des objectifs à atteindre. Le coach doit fréquemment encourager les participants à livrer leurs cadres de référence de sorte que leurs propos soient bien compris par tous. Par ailleurs, il doit rester vigilant à ce que les désaccords entre les participants soient approfondis pour lever les malentendus et incompréhensions.
3. **La construction.**
À la fin de l'étape précédente, un changement important s'installe dans la nature de la communication entre les participants. En effet, ces derniers se sont tous exprimés et ont eu le sentiment d'être écoutés. Par ailleurs, ils ont partagé leurs cadres de référence et se comprennent mieux. Dans ce climat, ils peuvent construire des solutions collectives dans une plus grande sérénité. En quelques mots, la qualité de la discussion est bien meilleure et permet de construire plus facilement des solutions communes.

Méthodologie et conseils

Dans sa gestion du temps, le coach doit prévoir les deux tiers du temps pour la réflexion individuelle et le partage. Même si le temps consacré à ces deux étapes peut paraître important, la réunion sera globalement plus efficace. ■

Avant de vous lancer...

✓ S'assurer du stade de développement de l'équipe ou *a minima* de l'ouverture de l'équipe sur les sujets relationnels et de processus.

✓ Prévoir un temps de « développement culturel » et de pédagogie avant de proposer ce type d'exercices.

Outil 49

La marguerite holomorphique

> « Tout est dans tout et inversement. »
>
> **Lao Tseu**

En quelques mots

La marguerite holomorphique est un processus de travail utilisé en coaching d'organisation permettant de faire travailler un grand groupe – plusieurs services par exemple – autour de sujets majeurs pour l'entreprise. Au cours de l'exercice, chaque participant aura un rôle actif et devra tour à tour contribuer en sous-groupe à l'un des sujets, exposer la synthèse des réflexions de son sous-groupe au reste de l'équipe, recueillir et intégrer les remarques et propositions d'améliorations de ces derniers. Cet exercice est dit « holomorphique » car à son issue, chacun a pu contribuer ou réagir sur tous les sujets majeurs de l'organisation puis repartir avec une compréhension partagée de ceux-ci.

UN PROCESSUS POUR PARTAGER L'INFORMATION ENTRE TOUS LES MEMBRES D'UNE ÉQUIPE

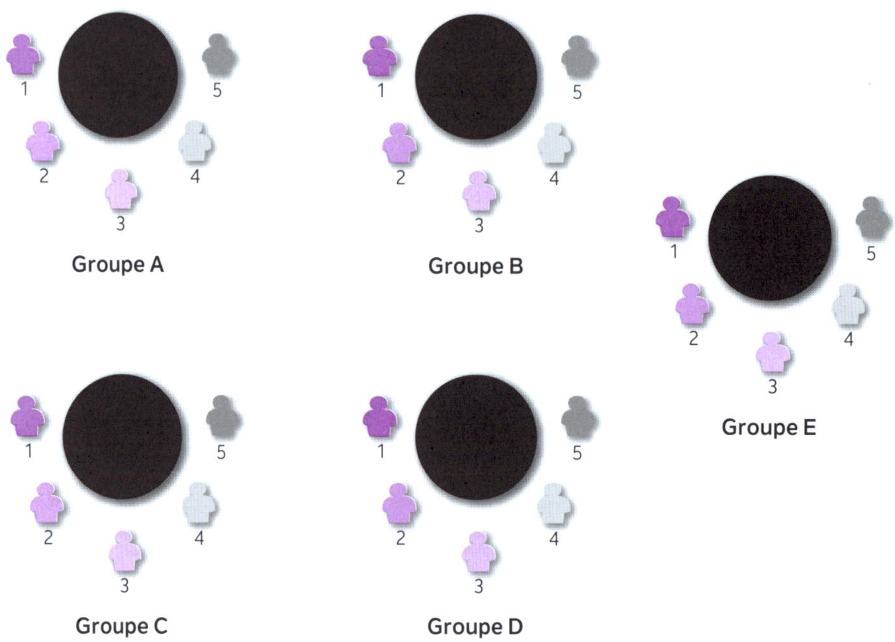

goo.gl/FjqxQR
En savoir plus (en vidéo)

POURQUOI L'UTILISER ?

Objectifs

› Traiter collectivement les grands sujets de l'entreprise (son fonctionnement, sa vision, sa stratégie, sa culture…).
› Décloisonner l'organisation en faisant discuter des personnes de services ou de départements différents sur les sujets majeurs de leur entreprise.
› Développer l'autonomie des acteurs qui, grâce à un meilleur partage des enjeux et une meilleure connaissance mutuelle, interagissent plus librement et efficacement.

Contexte

Cet outil s'utilise en coaching d'organisation ou de grands groupes.

COMMENT L'UTILISER ?

Étapes

Prenons l'exemple d'une direction constituée de 5 départements de 5 personnes qui souhaite mener une réflexion sur sa stratégie.

1. Préparation de l'exercice.

Le coach aide le directeur à choisir 5 sujets importants sur lesquels il souhaite voir son équipe contribuer. 5 sous-groupes sont constitués. Il ne s'agit pas nécessairement des 5 départements. Chaque sous-groupe est repéré par une lettre et chacun de ses membres est numéroté. Par exemple, l'équipe A comprend les membres A1, A2, A3, A4 et A5. Une grande salle sans table est aménagée en 5 zones portant la même lettre que le sous-groupe qui va y travailler.

2. La marguerite.

Pendant une heure, chaque sous-groupe travaille sur un des 5 sujets et prépare un exposé de ses réflexions. Au bout d'une heure, 5 nouvelles équipes réunissant les participants par numéros identiques sont formées. Par exemple, l'équipe 1 est constituée des membres A1, B1, C1, D1 et E1. Chaque équipe se regroupe alors dans une des 5 zones de travail : l'équipe 1 en zone A, l'équipe 2 en zone B, etc. Pendant 10 minutes, chaque membre dont la lettre correspond à celle de la zone expose aux autres membres la synthèse du sujet travaillé. Pendant 10 autres minutes, les autres membres de l'équipe complètent l'exposé par des remarques et questions qui sont prises en compte pour la synthèse finale. Les groupes vont ainsi tourner 5 fois jusqu'à ce que tous les sujets aient été traités par tous. Un dernier temps de 20 minutes est proposé pour que le sous-groupe de départ fasse une ultime synthèse résultat du travail de départ et des apports des autres membres du groupe.

3. Présentation finale.

Chaque sous-groupe (A, B, C, D et E) présente à l'ensemble des participants la synthèse finale.

Méthodologie et conseils

Il est très important de ne pas exposer en séance le déroulé de l'exercice. D'expérience, cela génère un grand nombre de questions et tend à mettre les participants dans la confusion. Au bout de quelques minutes d'exercice, les participants en comprennent le principe.

Suite outil 49 →

Avant de vous lancer…

✓ Vérifier la logistique ! Il faut impérativement que les participants puissent se déplacer facilement et que l'espace soit ouvert.

✓ Ne pas bricoler ! Si du fait d'absences, la marguerite ne peut être holomorphique, renoncer à l'exercice et proposer un autre format. Sinon, vous risquez de passer à côté de la dimension d'apprentissage collectif.

La marguerite holomorphique

COMMENT ÊTRE PLUS EFFICACE ?

Cet outil peut être utilisé *en construction* d'une stratégie, d'une équipe, d'un projet ou *en restitution* pour mesurer le degré d'appropriation des équipes de la stratégie, de la culture de l'entreprise, etc.
Dans l'un ou l'autre de ces cas, la gestion de l'équipe dirigeante sera très différente. Il est donc très important que le coach puisse préparer le dirigeant et son équipe à leur rôle lors de cet exercice.

Marguerite utilisée en construction

En construction, l'enjeu prépondérant de l'exercice est la construction de l'autonomie des acteurs. Il est donc très important que l'attitude de l'équipe dirigeante ne vienne pas inhiber les participants et invalider tout l'intérêt de l'exercice.
Pour éviter cela, le coach va proposer au dirigeant et à son équipe les quelques règles suivantes :

› Les membres de l'équipe dirigeante doivent se répartir dans tous les sous-groupes. **Ne surtout pas constituer de sous-groupe « équipe de direction » !**

› À l'intérieur des sous-groupes, le membre de l'équipe de direction doit respecter les règles suivantes :

- ne jamais s'exprimer en premier. Ceci pourrait inhiber les autres membres du groupe et orienter les débats ;
- ne jamais s'exprimer en dernier pour laisser la parole aux personnes qui l'ont moins au quotidien et ainsi permettre l'émergence de leaders au sein de l'équipe ;
- parler en son nom propre et non au nom de la direction ;
- ne pas faire la restitution du sous-groupe aux autres membres de l'équipe.

Le coach doit veiller au respect de ces règles et ne pas hésiter à rappeler à l'ordre le dirigeant ou le membre de son équipe qui les enfreindrait.

Marguerite utilisée en restitution

En restitution, l'enjeu pour le dirigeant est essentiellement de mesurer le degré d'appropriation de ses équipes de la vision de l'entreprise, de sa stratégie, de sa culture managériale ou d'un projet en cours.
Le dirigeant devra donc impérativement garder le silence tout le long de l'exercice pour se rendre compte du niveau d'appropriation du projet par les équipes. Il doit pour cet exercice renoncer à convaincre ou réexpliquer.
Cette posture étant génératrice de frustration et inhabituelle, le coach devra en amont préparer le dirigeant et pendant l'exercice le soutenir, surtout si les résultats ne sont pas à la hauteur de ses attentes.

Cas d'entreprise

Création d'une nouvelle direction au sein d'une banque française

© edou777 – Fotolia.com

Contexte

Dans le cadre d'une réorganisation, une banque française a décidé de créer une nouvelle direction. Pour lancer cette nouvelle organisation, le directeur à la tête de cette dernière a dirigé plusieurs séminaires au cours desquels il a expliqué la stratégie, les rôles de chaque service et ceux de chacune des personnes au sein de ceux-ci.

3 mois après ces séminaires et suite à de nombreux dysfonctionnements, le directeur fait appel à un coach pour trouver une solution. Pour mesurer le degré de compréhension des acteurs de leur nouvelle direction, il est décidé de mener une marguerite holomorphique au cours de laquelle chaque service doit expliquer sa fonction aux autres et discuter des règles de fonctionnement avec ses pairs.

Résultat

Les échanges entre les participants démontrent que la nouvelle organisation n'est pas du tout comprise par les membres de la nouvelle direction. Ceci explique en grande partie les dysfonctionnements constatés. Outre ce diagnostic, la marguerite a permis au directeur de comprendre que les séminaires « descendants » qu'il a l'habitude de mener sont inefficaces pour créer une nouvelle culture. Une nouvelle méthode de travail, plus participative a été mise sur pied en réponse à ce constat. ■

Outil 50 La vision partagée

> « La meilleure façon de prédire l'avenir, c'est de le créer.
>
> **Peter Drucker**

En quelques mots

L'outil d'élaboration d'une vision partagée a été mis au point par Vincent Lenhardt. Grâce à cette approche, le coach peut accompagner une équipe de six à dix personnes dans l'élaboration d'une vision partagée, et ce en moins d'une journée. Les cinq étapes de l'approche, basées sur un partage des représentations (voir outil 48), sont les suivantes : réflexion individuelle, présentation, clarification, métacommunication (voir outil 20) et élaboration de la vision.

ACCOMPAGNER UN COMITÉ DE DIRECTION DANS LA CO-ÉLABORATION D'UNE VISION PARTAGÉE

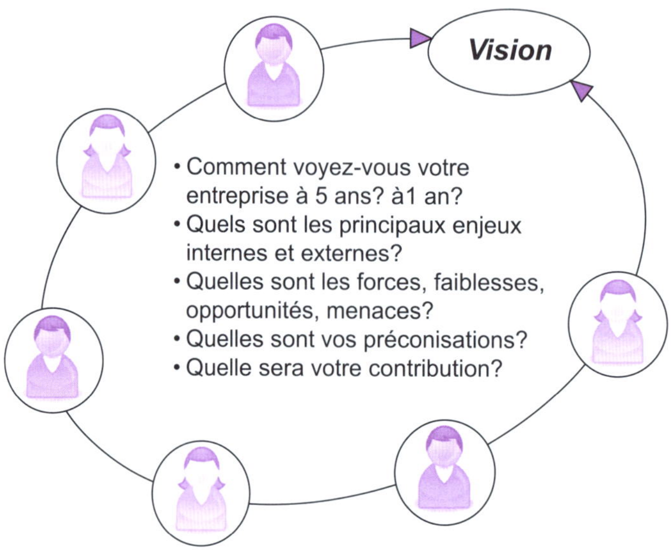

POURQUOI L'UTILISER ?

Objectif

› Accompagner une équipe pour élaborer une vision partagée.
› Se mobiliser autour de cette vision grâce à une approche simple et rapide.

Contexte

Cet outil est particulièrement pertinent pour les équipes de direction. Le travail de vision se fait de préférence lors d'une journée dédiée, à l'extérieur de l'entreprise, de façon à permettre aux participants de prendre du recul par rapport à leur quotidien.

COMMENT L'UTILISER ?

Étapes

1. Réflexion individuelle.
Les participants disposent d'un temps individuel de réflexion autour de six questions : « Comment voyez-vous votre entreprise à 5 ans ? Comment voyez-vous votre entreprise à 1 an ? Quels sont les principaux enjeux internes et externes ? Quelles sont les forces, faiblesses, opportunités, menaces ? Quelles sont vos préconisations ? Quelle sera votre contribution ? »
Ils répondent ensuite à chaque question sur des post-it.

2. Présentation.
Chaque participant communique ses réponses au groupe puis colle ses post-it sur des feuilles installées à cet effet. Pratiquement, les réponses sont regroupées par question. À la fin de la séquence, 6 feuilles (une feuille par question) contiennent l'expression de la vision de l'ensemble de l'équipe.

3. Clarification.
Lors des présentations, chacun écoute les autres sans débat. Seules les questions de clarification sont permises.

4. Métacommunication.
Un « arrêt sur image » est proposé par le coach au cours duquel les participants partagent sur leurs ressentis, sur le déroulement de la réunion sans entrer dans un débat sur le contenu.

5. Élaboration de la vision partagée.
Le coach anime un débat autour des cinq premières questions. Ce partage des représentations, permet d'aborder sereinement les désaccords, de lever les malentendus puis de se centrer autour des accords pour construire une vision partagée. La prédominance des accords qui apparaît entre les participants au fur et à mesure des échanges constitue souvent une surprise agréable pour l'équipe. D'une façon pratique, les post-it vont être regroupés par « paquets d'idées communes », puis les grandes idées qui auront ainsi émergé seront hiérarchisées à l'aide de gommettes. Un plan d'action sera enfin élaboré pour clore l'exercice.

Méthodologie et conseils

En cas de manque de temps, le coach peut supprimer la quatrième question concernant les forces/faiblesses/opportunités/menaces.

Suite outil 50 →

Avant de vous lancer...

✓ Préparer les participants au fait que cet exercice est tout autant un partage de représentations (outil 48) qu'un travail sur la vision. Sinon, vous risquez de générer de la déception, le résultat n'étant pas à la hauteur de la précision imaginée pour la définition d'une vision.

✓ Un apport théorique préalable sur les stades de développement des équipes (outil 29) est incontournable.

La vision partagée

COMMENT ÊTRE PLUS EFFICACE ?

Bien comprendre la nature des six questions de l'étape 1

› Les deux premières questions permettent aux participants d'exprimer librement leurs rêves et ambitions collectives. Le coach peut encourager les participants à être créatifs et à décrire une vision allant au-delà des chiffres.

› Les questions 3 et 4 permettent aux membres de l'équipe d'ajuster leurs perceptions sur la photographie de la situation actuelle de l'entreprise et des évolutions de son environnement.

› La question 5 nécessite des réponses concrètes comme lister des projets à mettre en œuvre. En cas de besoin, le coach peut « challenger » l'équipe pour les amener à proposer des projets ambitieux, pragmatiques et en cohérence avec les enjeux de l'entreprise. Ces projets concernent des sujets opérationnels ou internes (par exemple les ressources humaines).

› Les cinq premières questions mettent les participants dans une posture de parité avec le dirigeant en leur donnant l'opportunité de s'exprimer sur la globalité de l'entreprise. La dernière question permet à chacun de retrouver son rôle et de réaffirmer sa place au sein du groupe.

S'assurer que tout le monde se comprend

L'approche proposée peut être nouvelle pour une équipe de direction. Le rôle du coach est d'être l'interface entre toutes les parties prenantes et de faire travailler les acteurs pour le bien commun.
Son rôle est également de s'assurer que les membres de l'équipe se comprennent pleinement et partagent *a minima* leurs cadres de référence. Particulièrement nécessaire auprès des équipes multiculturelles, ce travail de partage des représentations (voir outil 48) nécessite parfois plusieurs allers-retours entre les membres de l'équipe.

Déterminer l'ordre de passage du dirigeant

Pour motiver les acteurs en parité, le dirigeant s'exprime comme les autres et veille à ne parler ni en premier ni en dernier. L'idéal est qu'il intervienne en avant-dernier. De cette façon, les participants ont la possibilité de co-élaborer la vision d'une façon stimulante et responsabilisante.

Détailler la vision partagée ultérieurement

Pour compléter et détailler la vision partagée, le coach peut accompagner l'équipe de direction dans la durée pour définir et aligner sa vision sur six niveaux logiques :

- **La vocation :** c'est la raison d'être de l'entreprise, la réponse à la question : « Que manquerait-il au monde si notre entreprise n'existait pas ? »
- **L'ambition** et les défis de l'entreprise à moyen et à long terme. Le coach peut aborder le thème avec les questions suivantes : « En quoi sommes-nous (ou souhaiterions-nous être) le meilleur au monde ? Quelle est notre passion ? Quelle est notre place sur le marché ? Quel volume d'affaire et avec quelle rentabilité ? »
- Les **valeurs** qui font partie de la fierté et de la culture de l'entreprise. Elles sont d'ordres organisationnel, culturel et éthique et correspondent aux grands choix qui ne changent pas dans une entreprise.
- Les **principes du management** : c'est la traduction des 3 niveaux cités ci-dessus en termes de pratiques et attitudes managériales.
- Les **priorités stratégiques** : les orientations stratégiques font bien sûr partie de la vision de l'entreprise.
- Les **plans d'action** qui répondent d'une manière concrète à la question « Que fait-on maintenant et quelle est la manière la plus opérationnelle de s'y prendre ? »

Cas d'entreprise

Élaboration d'une vision pour une équipe de direction

© apinan – Fotolia.com

Contexte

L'entreprise, un acteur majeur du tourisme sur le marché français, a connu des pertes importantes au milieu des années 2000 puis a renoué avec la rentabilité. Les dirigeants souhaitent lui donner un nouveau souffle. Le comité de direction définit ses principaux enjeux de la façon suivante :

- réussir sa transformation vers le haut de gamme ;
- augmenter sa part de marché ;
- monter en compétence le management intermédiaire et assurer la relève ;
- mobiliser les hommes et créer une nouvelle dynamique pour l'entreprise.

Une journée de séminaire est planifiée avec le coach pour les accompagner dans l'élaboration d'une vision partagée.

Résultat

L'élaboration de la vision a permis de canaliser et de prioriser les énergies vers un objectif commun. Le comité de direction a défini ses priorités autour de 4 thèmes : innovation, fidélisation client, efficacité commerciale, compétences et pratiques managériales.

Neuf projets ont été choisis en lien avec ces thèmes. Le comité de direction a décidé de se faire accompagner dans la durée pour expliciter et compléter sa vision partagée. ■

Outil 51

Le hérisson de Collins

> « Si le renard sait beaucoup de choses, le hérisson n'en sait qu'une mais importante.
>
> **Isaiah Berlin**

En quelques mots

Le hérisson est un outil issu des travaux de Jim Collins sur les équipes performantes. Le terme « hérisson » fait référence à la constatation de l'auteur que les entreprises performantes agissent non pas avec l'opportunisme d'un renard qui se précipiterait sur toutes les proies qui se présentent, mais construisent leur réussite avec la constance d'un hérisson qui avance selon sa stratégie, sans se laisser distraire. Cette stratégie étant l'intersection des trois cercles. Cet outil utilisé en coaching collectif permet de mener une réflexion sur le positionnement stratégique d'une organisation ou d'une équipe.

TROUVER SA ZONE DOMAINE D'EXCELLENCE

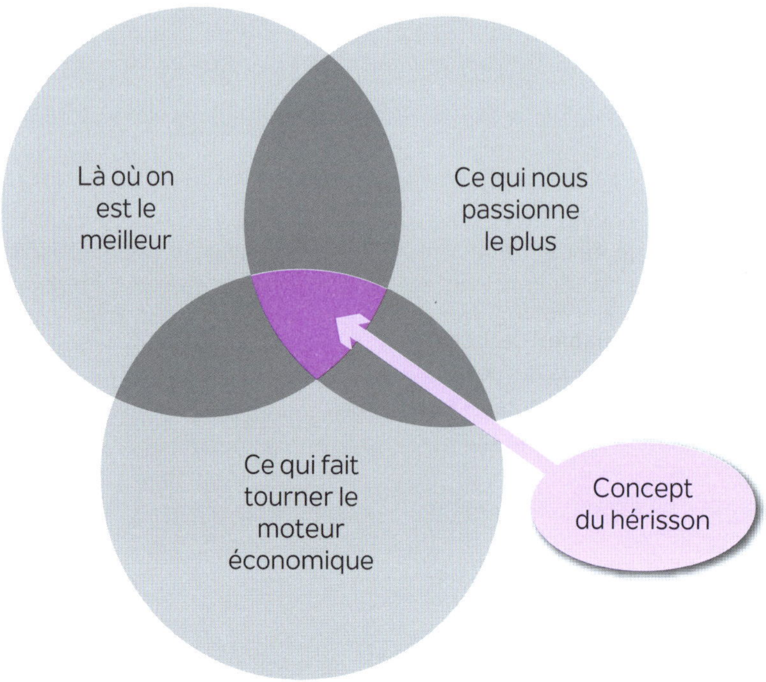

POURQUOI L'UTILISER ?

Objectifs

› Mettre à jour la zone d'excellence de l'entreprise ou de l'équipe accompagnée.
› Générer une réflexion et une dynamique collective au sein de l'équipe sur sa raison d'être.
› Créer un référentiel permettant de faire des choix stratégiques pour l'entreprise ou l'équipe.

Contexte

Cet outil s'utilise essentiellement en coaching d'équipe de direction. Il est également très utile lors de la création d'entreprise pour faire réfléchir le créateur ou les associés sur leur stratégie.

COMMENT L'UTILISER ?

Étapes

1. **Définition des 3 cercles.** Sur un papier kraft collé au mur, le coach a dessiné 3 cercles qui représentent respectivement :
• ce qui passionne le plus les acteurs de l'entreprise ou de l'équipe. Le coach rappelle qu'en effet, la « passion » reste l'ingrédient le plus efficace de la motivation et de l'engagement dans la durée ;
• dans quelle activité les acteurs peuvent être les meilleurs. Il s'agit là d'envisager cet espace en dehors de toute considération de diplômes ou de compétences professionnelles ;
• ce qui fait tourner le moteur économique. Cet espace correspond à la définition de l'élément qui génère le business dans l'organisation.
2. **Réflexion individuelle préalable.** Le coach distribue des post-it aux participants qui devront réfléchir en silence pendant trente minutes à ces trois espaces en notant leurs idées sur des post-it. Une idée par post-it.
3. **Co-construction des 3 cercles.** Chaque participant va coller ses post-it à l'intérieur des cercles en expliquant à chaque fois son contenu. Les autres participants ne peuvent intervenir qu'au travers de questions de clarification. Une fois que chaque participant s'est exprimé, le coach regroupe avec eux les post-it par paquets d'idées communes.
4. **Métacommunication.** À l'issue du travail de regroupement, le coach propose à chacun de s'exprimer sur son ressenti, sur les points de convergence qu'il constate et sur les points de divergence qui nécessitent d'être discutés. Le coach organise la discussion autour des points divergents qui généralement ne sont pas très nombreux.
5. **Construction d'un référentiel commun.** À l'issue de cette première séance de travail, l'équipe a élaboré une première version du référentiel commun. Le coach va alors proposer aux participants de le retravailler au cours d'une seconde séance centrée sur l'intersection des 3 cercles.
6. **Installer le « hérisson » dans la durée.** L'exercice du « hérisson » devient un exercice récurrent au sein de l'équipe qui l'utilise comme boussole dans ses choix quotidiens et dans ses orientations stratégiques.

Méthodologie et conseils

La réussite de cet exercice nécessite un travail dans la durée. S'assurer qu'un temps suffisant (au moins 6 mois) est prévu pour ce travail.

Suite outil 51 →

Avant de vous lancer...

✓ **Bien tenir le cadre et le processus afin que les discussions n'adviennent qu'après un travail conséquent de coconstruction. Le risque étant que les éventuelles émergences soient tuées dans l'œuf des discussions.**

✓ **Ne pas hésiter à proposer de faire cet exercice à intervalles réguliers, ce qui montrera la robustesse des options retenues ou au contraire leur faible maturité.**

Le hérisson de Collins

COMMENT ÊTRE PLUS EFFICACE ?

Trois paramètres font de l'exercice du « hérisson » une réussite.

Sortir d'une logique *one shot*

Le premier facteur clé de succès de l'exercice du « hérisson » est de comprendre qu'il s'agit d'un processus continu et non d'un temps fort unique. L'outil prend tout son sens lorsqu'il est intégré par les équipes et que chacun s'y réfère individuellement ou collectivement à chaque fois qu'une décision importante doit être prise.

L'exercice du hérisson construit un sens collectif

Le second élément important qui doit être explicité par le coach au dirigeant est que le résultat de l'exercice du hérisson n'est pas uniquement la création d'un document commun mais la dynamique de discussion et de partage du sens qu'il permet.
On retrouve ici l'idée fondamentale développée par Françoise Dolto que le sens est entre les mots. Il se trouve dans toute la communication autour de ces mots.
Finalement, l'exercice du hérisson permet de générer un débat permanent sur le sens qui, *in fine* construit une vision partagée de l'entreprise, de sa stratégie, de ses valeurs, de son ambition, de ses enjeux…

Le hérisson comme outil d'alignement managérial

In fine, le questionnement collectif et permanent sur les critères du concept du hérisson offre au dirigeant un outil d'alignement du management.
Ceux qui se retrouveront dans l'ADN de l'organisation s'y développeront, les autres auront un élément clair leur permettant de se positionner et éventuellement rechercheront l'entreprise qui suit le même « hérisson » qu'eux.
Des processus RH comme le recrutement ou l'évaluation prennent également une toute autre coloration après un exercice du hérisson.
Par exemple, l'exposé du concept du hérisson lors des entretiens d'embauche permettra au recruteur et au candidat de faire un choix plus conscient et plus respectueux des valeurs de chacun.

Cas d'entreprise

Département « support » d'un grand institut de recherche en perte de repères

© Cinnamon stick – The Noun Project.com

Contexte

Au sein d'un grand institut de recherche français, une réorganisation a développé et promu le fonctionnement matriciel comme mode de travail. Le département Informatique Scientifique s'est ainsi retrouvé en perte d'identité et de sens car réduit à de simples « contributeurs informatiques » des départements scientifiques, qui eux menaient les projets.

Le chef de ce département a donc décidé de faire appel à un coach pour travailler sur le « hérisson » de son département.

Résultat

Le travail sur les 3 cercles a permis de redonner du sens à toute l'équipe en mettant à jour leur identité de « *technology enabler* » autrement dit qu'ils ne sont pas juste des « supports » pour les chercheurs mais l'élément qui permet d'accoucher d'une nouvelle technologie, de passer d'une invention à une innovation. ■

Outil 52 La réunion déléguée

> La seule fonction qu'un leader d'équipe ne peut déléguer est justement la sienne : celle de décisionnaire.
>
> **Alain Cardon**

En quelques mots

La réunion déléguée est un processus de travail issu du développement des organisations et développé par Alain Cardon. Ce processus de travail utilisé en coaching collectif vise à enseigner aux équipes accompagnées un mode de conduite de réunions performant qui mobilise chacun de ses membres et décharge le dirigeant du cumul de rôles : organiser la réunion, la conduire, l'animer, prendre les décisions… Quatre rôles sont délégués aux participants, celui de facilitateur, de pousse-décision, de cadenceur et de coach-interne. Cette délégation permet de générer plus de coopération, d'engagement des acteurs et facilite l'adhésion aux décisions prises collectivement.

FAIRE DE CHACUN DES MEMBRES D'UNE ÉQUIPE UN ACTEUR DE LA RÉUSSITE COLLECTIVE

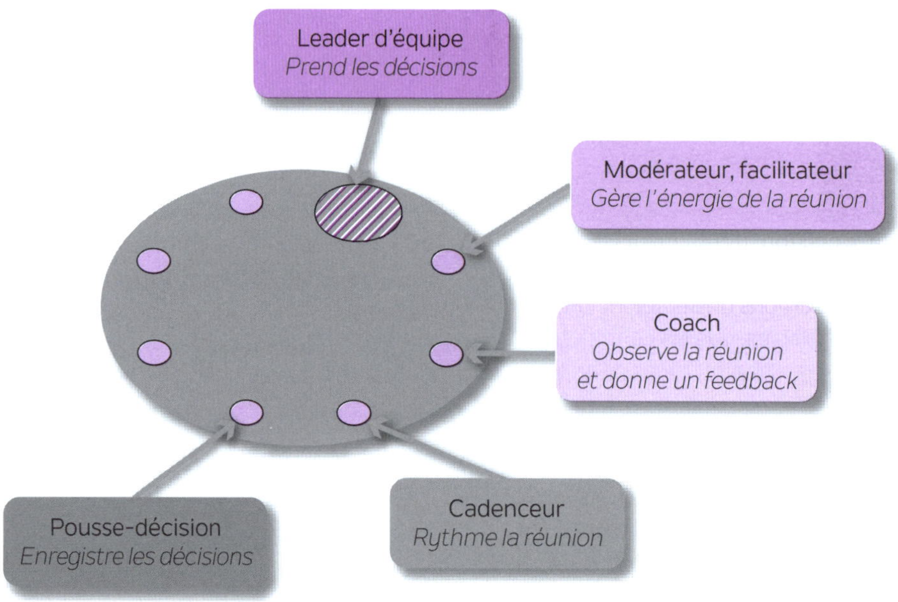

POURQUOI L'UTILISER ?

Objectif

› Stimuler la performance collective en développant à travers la conduite de réunions : la délégation au sein de l'équipe, la coresponsabilité des acteurs (chacun joue un rôle dans la réussite de la réunion) et les compétences de chacun des membres de l'équipe.

Contexte

Cet outil s'utilise en coaching collectif pour enseigner aux équipes accompagnées un mode de réunion efficient, le but étant que l'équipe se l'approprie et l'utilise dans la durée.

COMMENT L'UTILISER ?

Dans le cadre d'un coaching collectif, le coach va proposer à l'équipe de vivre une réunion déléguée pour ensuite debriefer avec eux cette première séance.

Étapes

1. **Le coach définit les rôles** qui vont être délégués aux membres de l'équipe en rappelant que cette délégation de rôles est au service de la participation active de chacun.

Quatre rôles sont délégués :

- **Le facilitateur** dont la mission est de « gérer l'énergie de l'équipe ». Pour cela il prépare l'ordre du jour, s'assure de la fluidité des échanges entre les participants et limite les interruptions ou les apartés.
- **Le pousse-décision** dont la mission est de provoquer les décisions et de les enregistrer. Il s'assure que les décisions prises soient clairement formulées et mesurables, que les conditions et les délais de leur mise en œuvre soient définis et que le responsable du suivi de chaque décision soit identifié.
- **Le cadenceur** s'assure que le temps alloué aux différentes séquences de travail soit respecté. Il rappelle le timing de façon régulière pour que l'équipe puisse gérer son temps. Il n'est pas tenu responsable des dépassements d'horaire.
- **Le coach interne**, rôle tenu par un participant, a pour mission de donner un feedback à chaque participant de la réunion pendant les 15 dernières minutes. Son feedback comportera des axes d'améliorations individuelles et collectives.

2. **Le coach lance la réunion**, observe les postures de chacun et prépare un feedback collectif et individuel. Ce retour a pour objectif d'encourager l'équipe dans ce nouveau fonctionnement, d'ancrer cette pratique pour qu'elle devienne naturelle et de montrer en quoi la réunion devient un moment de cohésion de l'équipe.

Le coach prépare la réunion suivante en programmant la rotation des rôles.

Méthodologie et conseils

Le leader de l'équipe pourra vivre ce processus comme une diminution de ses prérogatives. Il est donc important qu'il fasse lui-même un travail de coaching individuel sur sa posture de dirigeant pour l'aider à renoncer à tout prendre en charge. ■

Avant de vous lancer...

✓ Rester vigilant aux feedbacks du « coach interne » pour éviter les jugements sur les personnes.

✓ Prévoir des temps de préparation supplémentaires pour renforcer la capacité du groupe à faire des feedbacks et à accepter de les recevoir sans se sentir remis en question.

Outil 53

Le groupe de codéveloppement professionnel

> “ Les dirigeants ne naissent pas, ils sont fabriqués.
>
> **Warren Bennis**

En quelques mots

Le groupe de codéveloppement professionnel est, selon son concepteur Adrien Payette, « une approche de formation pour des personnes qui croient pouvoir apprendre les unes des autres afin d'améliorer, de consolider leur pratique » (Payette, 2000). Cet outil s'est, depuis sa création, imposé comme un outil majeur du coaching d'équipe et du développement de l'intelligence collective des organisations. Il permet en effet un travail entre pairs au cours duquel chacun va à tour de rôle bénéficier de l'aide du groupe dans la résolution d'une difficulté professionnelle.

UN PROCESSUS APPRENANT OUVRANT SUR L'INTELLIGENCE COLLECTIVE

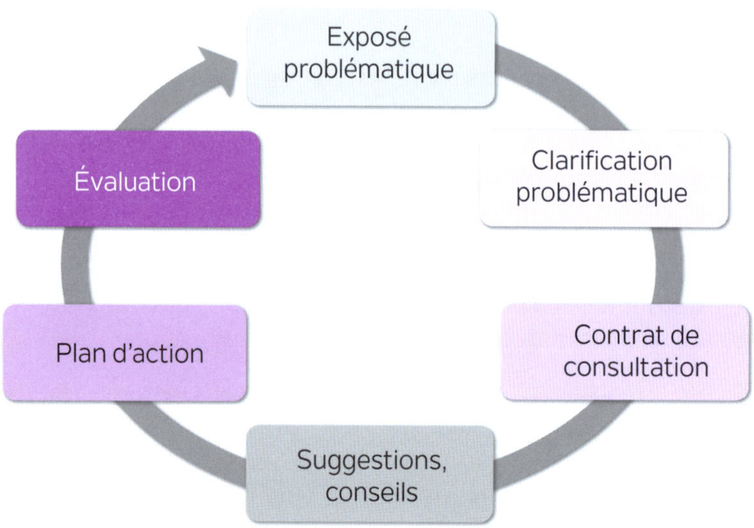

POURQUOI L'UTILISER ?

Objectifs

› Se développer et apprendre par l'action et par la réflexion en groupe.
› Stimuler l'intelligence collective d'une équipe et d'une organisation.
› Développer la coopération au sein d'une organisation.
› Provoquer des prises de conscience quant à la richesse de l'équipe et de l'organisation pour peu qu'on mette ses membres en « capacité ».

Contexte

Le codéveloppement est avantageusement mis en œuvre au sein d'équipes ou de groupes dont les membres n'ont pas de lien hiérarchique.

COMMENT L'UTILISER ?

Cet outil s'utilise dans des groupes de quatre à sept personnes qui se rencontrent toutes les deux à cinq semaines, sur une période de six mois à un an. Une séance de codéveloppement se déroule comme suit.

Étapes

1. **Étape 0 : Choix et préparation du sujet de consultation**. En amont de la réunion du groupe de codéveloppement, chaque participant devra choisir un sujet à travailler ; celui-ci devra être actuel et réellement poser problème pour lui.
2. **Étape 1 : Exposé de la problématique.** Un premier participant va jouer le rôle de client alors que les autres vont se placer en consultants animés par le coach. Le client expose et les consultants écoutent activement.
3. **Étape 2 : Clarification de la problématique.** Les consultants posent des questions d'information uniquement afin d'obtenir suffisamment d'éléments pour poser un diagnostic et donner des conseils. Le coach devra être attentif à ce que les questions posées ne visent qu'à comprendre et expliciter la problématique.
4. **Étape 3 : Contrat de consultation.** Le client formule sa demande au groupe en termes de contenu et de processus (voir outil 12). Le coach facilite ensuite l'explicitation d'un contrat de séance. Celui-ci pourra évoluer au cours de la séance.
5. **Étape 4 : Réactions et suggestions des consultants.** Après avoir exposé leur diagnostic, les consultants partagent leurs réactions (pensées et émotions), suggestions et conseils. Ils communiquent au client tout ce qui peut, à leurs yeux, l'aider dans sa réflexion et son action.
6. **Étape 5 : Synthèse et plan d'action.** Le client est appelé à synthétiser la masse d'informations qu'il a reçue dans le but, rappelé par le coach, de dégager une hypothèse d'action réalisable d'ici la rencontre suivante.
7. **Étape 6 : Indentification des apprentissages et évaluation.** Tous les participants au groupe vont « conscientiser » les principaux apprentissages issus de la consultation. Le coach profitera de cette étape pour favoriser la métacommunication entre les membres du groupe et le faire ainsi évoluer.

Méthodologie et conseils

Cet outil ne vise pas le consensus, le coach doit encourager la divergence des points de vue pour offrir le plus de lectures et de pistes d'action possibles au client. ■

Avant de vous lancer...

✓ **Vérifier l'adhésion de toute l'organisation pour introduire la méthode et « protéger » ses participants.**

✓ **Prévoir un temps d'apprentissage et de facilitation suffisant avant de promouvoir des groupes autonomes.**

✓ **Dans tous les cas, prévoir à intervalles réguliers des sessions de régulation de ces groupes au cours du travail de codéveloppement.**

Outil 54

Le World Café

> *L'intelligence collective est l'art de maximiser simultanément la liberté créatrice et l'efficacité collaborative.*
>
> **Pierre Lévy**

En quelques mots

Le World Café est un outil de coaching collectif, mis au point par Juanita Brown et David Isaacs, visant à stimuler l'intelligence collective des organisations. Il est structuré en trois temps. Un premier temps de débats en petits groupes rassemblés autour de tables, sur plusieurs questions. Un second temps de « fertilisation croisée » au cours duquel chaque participant pourra, en changeant de table, contribuer aux autres sujets. Un dernier temps de consolidation : il s'agit d'une assemblée plénière au cours de laquelle les principales idées sont résumées et leur suivi organisé.

L'INTELLIGENCE COLLECTIVE EN ACTION

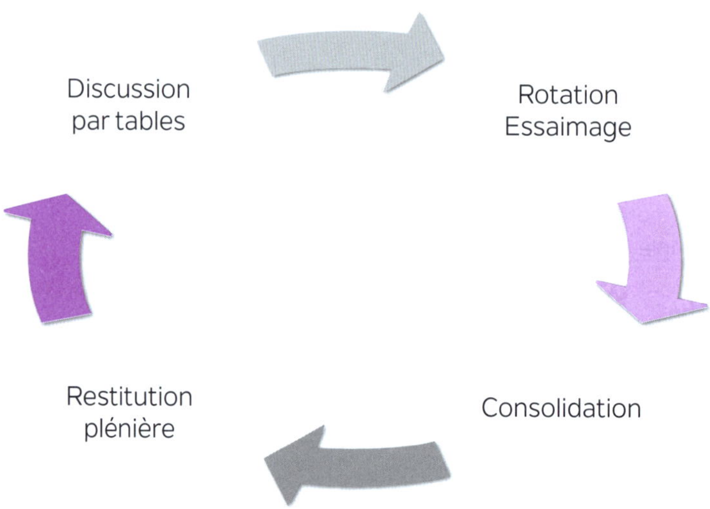

POURQUOI L'UTILISER ?

Objectifs

› Mobiliser et mettre en capacité tous les acteurs d'une organisation.
› Créer un « moment fort » de construction collective des challenges de l'entreprise.
› Créer du lien et du dialogue au sein de l'entreprise.

Contexte

Cet outil est particulièrement utile pour le coaching d'organisations ou de grands groupes (type séminaires annuels, conventions...), notamment pour mettre en mouvement l'ensemble des participants et faire émerger des idées nouvelles.

COMMENT L'UTILISER ?

Étapes

1. **Préparation.**
Cette première étape va consister à :
• Préparer les sujets à traiter, les animateurs de table et l'espace de travail. Les sujets à traiter lors du World Café seront choisis avec les responsables de l'organisation ; ils devront être porteurs d'enjeux pour l'organisation. Les animateurs pourront être choisis sur la base du volontariat et bénéficieront d'une courte formation avec le coach pour qu'ils s'entraînent à faciliter les débats, relancer les échanges et préparer une restitution de ceux-ci. L'espace sera constitué de tables organisées en « cabaret » permettant aux acteurs de se déplacer lors de l'exercice.
• Donner un nom au café. Celui-ci doit refléter son objectif, par exemple : « Café de l'innovation », « Café du leadership »...
2. **Étape 1 : Animation.**
Les collaborateurs sont répartis en sous-groupes par tables de 6 à 8 participants. À chaque table, le même processus est respecté :
• Réflexion individuelle préalable : chaque participant prépare sur une feuille ses réflexions sur le sujet à traiter à sa table.
• Partage : chaque collaborateur va disposer de 5 minutes de présentation de ses réflexions sans être interrompu. Les autres membres de son sous-groupe sont tenus d'écouter et de prendre des notes.
• Discussion : une fois que chaque participant s'est exprimé, l'animateur de table – supervisé par le coach – consolide les différentes contributions.
3. **Étape 2 : Rotation.**
Les membres de chacune des tables – excepté l'animateur qui restera à la même table pendant tout l'exercice – vont rejoindre une autre table pour traiter d'un autre sujet.
• L'animateur de chaque table restitue aux nouveaux participants les premiers éléments de réflexions issus du premier sous-groupe.
• Une nouvelle étape de réflexion s'engage alors avec de nouvelles contributions suivant les mêmes modalités que l'étape 1.
4. **Étape 3 : Consolidation.**
Une fois que tous les participants du World Café se sont exprimés sur tous les sujets, chaque animateur expose en plénière une consolidation de toutes les contributions.

Méthodologie et conseils

Plus les animateurs seront préparés en amont du World Café, plus ils pourront être modélisant de la culture d'intelligence collective portée par cet exercice. ■

Avant de vous lancer...

✓ **Toujours s'appuyer sur une équipe d'animateurs quand le groupe est très important.**

✓ **Dès que possible, prévoir des temps de préparation et de formation des facilitateurs internes en remplacement de l'équipe de coachs.**

Outil 55 Le Forum Ouvert

“ *Mon expérience m'a appris que le cercle est la forme géométrique fondamentale de la communication humaine ouverte.*

Harrison Owen

En quelques mots

L'*Open Space Technology* (**Forum Ouvert**) est une méthode d'animation de groupes élaborée par Harrison Owen, permettant d'organiser des réunions d'une dizaine à plusieurs centaines de personnes.

H. Owen s'est aperçu que les échanges les plus fructueux d'une réunion se passaient souvent pendant les pauses. Il a créé une méthode d'animation pour combiner le niveau d'échange d'une bonne pause café et les résultats d'une réunion efficace.

Cette méthode améliore la communication et la coopération, inspire des solutions innovatrices et favorise la transformation positive au sein des organisations.

CRÉER UNE COMMUNICATION FRANCHE, OUVERTE ET EFFICACE

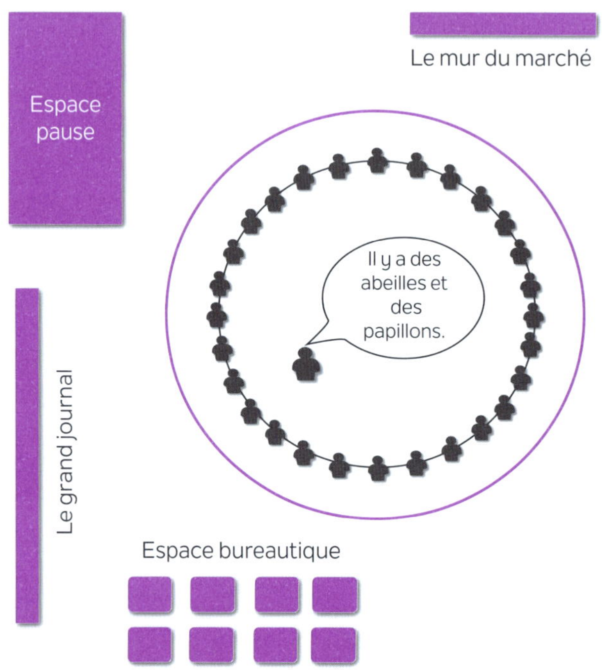

goo.gl/afJvv9
En savoir plus (en vidéo)

POURQUOI L'UTILISER ?

Objectifs

› Améliorer la communication et la coopération au sein d'un groupe.
› Promouvoir des échanges fructueux.
› Susciter l'engagement et la responsabilité.
› Inspirer des solutions novatrices.

Contexte

Le Forum Ouvert est une méthode particulièrement adaptée aux groupes de taille importante. Il permet d'explorer des questions complexes, d'amener l'ensemble des acteurs d'un système à partager, créer et mettre en œuvre des solutions de transformation.

COMMENT L'UTILISER ?

Étapes

1. Introduction. Les participants sont assis en cercle. Le facilitateur, au centre du cercle, décrit les objectifs du séminaire, puis précise les principes et le déroulement du Forum Ouvert.

2. Programme. Les participants sont amenés à proposer eux-mêmes l'ordre du jour du séminaire. En effet, ceux qui le souhaitent proposent des sujets de discussion en lien avec le thème du séminaire. Ces « initiateurs » se mettent au centre du cercle, notent leurs sujets sur une feuille, l'annoncent au groupe puis choisissent un créneau horaire et une salle de sous-commission sur le planning affiché au mur. Il est très courant d'avoir plusieurs réunions en parallèle. Chacun prend le temps de consulter le planning et de choisir les sujets qui l'intéressent. Les participants qui le désirent peuvent s'inscrire simultanément à plusieurs sujets et passer d'un groupe à l'autre. On les appelle les « abeilles » dans le langage Forum Ouvert.
Il y a aussi les « papillons » : ceux qui souhaitent faire une pause ou poursuivre les discussions autour d'un café ou ailleurs.

3. Temps d'échange. Les initiateurs ont la responsabilité d'être présent dans leur salle puis de documenter les discussions. Un espace « bureautique » leur permet de formaliser les points saillants des discussions dans un compte rendu et de l'afficher sur un mur (appelé « le grand journal ») pour que tout le monde puisse le consulter.

4. Debrief. Un retour est prévu en fin de journée dans la grande salle. Chaque participant reçoit un rapport contenant l'ensemble des comptes rendus.

5. Et la suite. Une deuxième journée permet, dans le même esprit, de fixer les priorités et d'élaborer des plans d'actions.

Méthodologie et conseils

Harrison Owen recommande de n'organiser ce type de séminaire que pour des personnes volontaires et intéressées par le thème. Dans ce sens, il est important de proposer un thème clair et engageant plusieurs semaines avant le séminaire pour susciter l'intérêt.
La disposition des salles et l'ambiance des lieux sont des points essentiels. Les chaises sont disposées en cercle dans la salle principale. Les lieux disposent d'autant de salles de sous-commission que nécessaire.
Un espace « pause » est prévu en permanence.

Suite outil 55 →

Avant de vous lancer...

✓ **La logistique doit être impeccable et les processus très clairs. Ne pas sous-estimer l'importance des aspects logistiques et le temps de préparation en amont du séminaire.**

✓ **Se méfier des préparations au téléphone avec des relais internes insuffisamment conscients de l'importance des détails techniques et logistiques.**

Le Forum Ouvert

COMMENT ÊTRE PLUS EFFICACE ?

Comprendre les principes du Forum Ouvert

Le plus important lors d'un atelier n'est pas le nombre de participants, mais le fait qu'ils soient vraiment intéressés par le sujet abordé. Même si l'initiateur est seul, il est encouragé à prendre un temps de réflexion et à documenter le thème de l'atelier.
Les initiateurs sont invités à suivre le rythme du groupe :

- Ne commencer que quand les uns et les autres sont prêts, faire confiance à l'énergie créatrice du groupe et se laisser surprendre.
- Ne pas hésiter à terminer l'atelier avant l'heure si la discussion est finie, ou à réserver une autre salle afin de poursuivre les discussions s'il reste encore des sujets à partager à la fin de l'atelier.

Les participants sont invités à lâcher prise par rapport au passé, aux regrets et aux critiques, à être à l'écoute des possibilités et à se concentrer sur ce qui peut être fait maintenant.
Les participants ont la liberté, la permission et la responsabilité d'être mobiles et de changer d'atelier s'ils le souhaitent. S'ils n'apprennent plus rien dans un atelier ou s'ils ont fini d'y contribuer, ils peuvent changer d'atelier (abeille) ou faire une pause (papillon).

Préparer le Forum Ouvert de façon efficace

La bonne préparation du Forum Ouvert est un facteur clé de réussite. Il est recommandé de créer un « comité de préparation » plusieurs semaines (parfois plusieurs mois) avant l'événement pour élaborer le thème et organiser les aspects logistiques.
Une invitation engageante est envoyée aux participants. Elle comporte l'énoncé du thème et les objectifs de la réunion d'une façon claire, précise et percutante. Par ailleurs, les invités sont encouragés à préparer le séminaire en réfléchissant aux idées, questions et possibilités qu'ils souhaiteraient explorer autour du thème de la réunion.

Promouvoir le mur du marché comme un lieu vivant

Après l'élaboration collective du planning, il est recommandé de laisser aux participants le temps nécessaire pour qu'ils choisissent leur propre parcours. Ce temps est également utilisé pour des négociations entre initiateurs et participants. Quelques exemples non exhaustifs :

- Certains sujets peuvent être regroupés en cas d'accord entre initiateurs.
- Le planning sur tel ou tel sujet peut être modifié pour répondre aux besoins du plus grand nombre.

Le facilitateur du Forum Ouvert se positionne en ressource pour fluidifier les échanges et les prises de décisions si nécessaire. Mais avant tout, il doit accepter, voire se réjouir de ce temps limité d'effervescence et de chaos !
Par ailleurs, à n'importe quel moment du séminaire, ceux qui le souhaitent peuvent afficher de nouveaux sujets. Les participants sont invités à consulter le planning pour modifier leurs parcours en cas de besoin.

Animer le débrief

Pour boucler la journée et resserrer les liens, un temps de partage du vécu des participants est animé par le facilitateur. Chacun a la possibilité de partager ouvertement ses pensées, impressions et sentiments sur la démarche, par exemple sur les surprises, les difficultés rencontrées et les moments positifs partagés.

Cas d'entreprise

Forum Ouvert des responsables RH d'une entreprise industrielle

© Setyo Ari Wibowo – The Noun Project.com

Vous êtes convié à un Forum Ouvert

Quelles sont les idées, les questions et les possibilités que vous souhaitez explorer pour positionner la fonction RH comme un véritable partenaire auprès des métiers ?

Contexte

Enjeux : le nouveau DRH d'une grande entreprise industrielle souhaite décentraliser la fonction RH et positionner les responsables des ressources humaines comme des *business partners* vis-à-vis des directions « métier ». Il souhaite mobiliser l'ensemble de la fonction RH sur ce thème.

Préparation : un comité de préparation est constitué dès le départ du projet. Il est décidé de convier l'ensemble des responsables RH, mais également un certain nombre d'acteurs clés au sein des directions « métier ». Au total, 120 personnes sont invitées.

Résultat

Forum Ouvert : 85 personnes ont répondu à l'appel. Le séminaire d'une journée a permis de donner du sens à la reconfiguration des ressources humaines et de mobiliser un nombre important d'acteurs clés. Les échanges organisés sur 28 ateliers ont permis de proposer une soixantaine d'actions et de projets. Les acteurs étaient très agréablement surpris de repartir avec un rapport complet des échanges le jour même.

Utilisation des résultats : une cellule projet, composée de volontaires, permettra de structurer et de prioriser les actions dans les semaines à venir. ■

Bibliographie

Agnes P., Lefeuvre J., *Déjouer les pièges de la mauvaise foi et de la manipulation avec le triangle de Karpman*, InterEditions, 2010.

Brown J., Isaacs D. et World Café Community, The World Café : Shaping Our Futures Through Conversations That Matter, Berrett-Koehler, 2005.

Cardon A., Jeux de Manipulation, Éditions d'Organisation, 2001.

Cardon A., *Coaching d'équipe*, Éditions d'Organisation, 2003.

Cardon A., *Jeux pédagogiques et analyse transactionnelle*, Éditions d'Organisation, 1981.

Chavel T., *Le Coaching démystifié*, Demos, 2001.

Collins J., *De la performance à l'excellence*, Pearson, 2011.

Gibeault D., *Le Forum Ouvert, une technologie, une démarche de groupe ou une nouvelle façon de penser ?*

Lenhardt V., *Les Responsables porteurs de sens, culture et pratique du coaching et du team-building*, I consulting, 2010.

Malarewicz J.-A., *Réussir son coaching, Pearson*, 3e édition, 2011.

Malarewicz J.-A., *Systémique et Entreprise*, Pearson, 2e édition, 2008.

Owen H., Open Space Technology : A User's Guide, Berrett-Koehler, 3e éd., 2008.

Payette A. et Champagne C., Le groupe de codéveloppement professionnel, Les Presses de l'Université du Québec, 1997.

Payette A., Le codéveloppement : une approche graduée, Interactions Vol 4, n° 2, 2000.

Rogers C., *Le Développement de la personne*, InterEditions, 2005.

Rosenberg M., *Les Mots sont des fenêtres, La Découverte*, 2e édition, 2004.

Saucet M., *La Sémantique générale aujourd'hui*, Courrier du Livre, 1987.

Tan, C.-M., Holmes, K., Connectez-vous à vous-même, Belfond, 2014.

Whitmore J., *Coaching, les techniques d'entraînement du sport de haut niveau au service des entreprises*, Maxima, 1994.

Watzlawick P., Changements, paradoxes et psychothérapie, Éditions du Seuil, 1975.

79140 - (III) - SOP 90° - 2592 - BLP - NRI

Dépôt légal : avril 2019 - suite du tirage: novembre 2020

Achevé d'imprimer en Espagne par Unigraf S.L.